마음의 태도

전 세계 5천만 명의 인생을 바꾼
행복한 이기주의자의 자기 확신 프로젝트

Living
your
purpose
journal

마음의 태도

웨인 다이어 지음 | 신솔잎 옮김

더퀘스트

아무도 없는 고요한 시간,

나만의 이야기를 적어보세요.

건강하고 행복한 삶, 창조적인 삶으로

한 걸음 나아가는 겁니다.

웨인 다이어 박사는 훌륭한 작가이자 스승이었습니다. 평생 솔선수범하는 모습으로 가르침을 전했고 놀라운 통찰력과 지혜를 나눠 주었습니다. 그 어느 때보다 그의 가르침이 큰 울림을 주는 이 시대에 그가 남긴 책과 강연, 영상으로 귀중한 이야기를 전할 수 있어 참으로 다행입니다. 진정한 성공과 평화를 이룬 삶이란 무엇인지에 대한 그의 이야기를 모아 이 책을 완성했습니다.

여덟 자녀의 아버지였던 다이어 박사는 아이들이 "자신을 가치 있게 여기고 위험을 감수할 줄 알기를, 자립적이고 스트레스와 불안에서 자유롭고 현재를 기쁘게 누리길, 평생 건강하고 자신의 영적 소명을 다하길, 무엇보다 그어떤 외적 환경에서도 내적 평화가 함께하는" 삶을 살길 바란다고 이야기한 적이 있습니다. 그는 누구나 이런 삶을 살아야 한다고 생각했고 각자의 소명을 다하고 두려움이 아닌 사랑을 택하며 이 땅에 태어난 목적을 다하는 용기를 발휘하는 삶을 살아야 한다고 했습니다.

이 책은 당신 삶의 목적을 발견하고 실천하는 데 도움이 되기 위해 쓰여졌습니다. 아직 자신의 목적을 모른다고 해도 걱정하지 마세요. 인생의 친절한 안내자인 다이어 박사와 함께 우리 마음에 자리한 10개의 섬을 여행하다 보면 진짜 삶의 목적이 선명해질 것입니다. 나, 선택, 평화, 자연, 관계 등 살아가는데 핵심이 되는 단어들의 의미를 되새겨보고, 원하는 삶의 모습을 그려나가다 보면 어느새 인생은 달라져 있을 것입니다.

나라는 사람은 어떤 사람인가
나는 어떤 장소에서 평화를 느끼는가
나는 과거에 어떤 선택들을 해왔는가
내가 원하는 성공의 모습은 어떠한가
나는 지금 어떤 사람이 되고 싶은가

그가 던지는 낯선 질문을 통해 평상시에 잊고 있었던

내밀한 자신의 마음을 알아차려 보세요. 일상을 대하는 마음이 조금씩 바뀌는 게 느껴질 것입니다.

다이어 박사는 그의 책 《인생의 태도》에서 이렇게 말했습니다.

"이 책을 읽으면서 일기를 써볼 것을 추천합니다. 행복한 인생을 위한 아이디어들이 생각날 때마다 적어둔다면 나중에 언제고 살펴볼 수 있습니다. 누구나 위대해질 수 있는 씨앗을 발견하는 것입니다."

자, 이제 가벼운 마음으로 필기구를 들어보세요. 그와 함께 60일간의 여행을 떠날 준비가 되었나요? 함께 여행의 첫발을 내딛어봅시다.

헤이하우스 편집부

**이 책의
활용법**

- 이 책은 웨인 다이어와 함께 쓰는 나만의 일기이자 그의 메시지를 핵심만 선별해 담은 책입니다. 그의 안내에 따라 60일간 매일 한 편의 글을 읽고 질문에 답해보세요. 내 안의 위대한 변화의 씨앗을 발견할 수 있을 겁니다.

- 순서대로 읽으며 질문에 답해도 좋지만 그날의 기분에 따라 무작위로 선택해서 글을 읽고 써나가도 됩니다.

- 웨인 다이어의 질문 중 더 깊이 생각해보고 싶은 것이 있다면 일주일 정도 시간을 두고 답합니다. 반드시 60일 안에 마치지 않아도 됩니다. 하지만 1년은 넘기지 않도록 하세요.

- '완벽한 답'은 없습니다. 자신의 마음에 정답은 없으니까요. 글을 읽고 떠오르는 단상을 자유롭게 적고, 이미지를 그리거나 붙여 표현해도 좋습니다.

Living
your
purpose
journal

당신
마음은

당신만이
움직일 수
있습니다

행복한 삶으로 나아가는 여정을 시작하기에 앞서 지금 제가 하는 이야기를 잘 들어보세요. 이 개념을 이해하는 게 무엇보다 중요합니다.

당신은 당신의 몸이나 성격, 소유물, 성취로
정의할 수 없습니다.
당신은 사랑받는 존재입니다.
당신은 기적입니다.
영원하고 완전한 존재의 일부입니다.
당신이 여기 이 땅에 머무는 이유가 있습니다.
바로 이 세상에 온 목적을 실현하는 것입니다.
당신의 목적에 부합하는 삶을 사는 것이

매일 온전히 존재하는 삶의 비결입니다.

"제 목적은 어떻게 찾을 수 있을까요?"

제가 가장 많이 받는 질문 중 하나죠. 이 책이 필요한 이유이기도 하고요. 이 책에는 저를 포함해 셀 수 없이 많은 사람에게 도움이 되었던 지혜와 진짜 자신^{true self}이 들려주는 목소리에 귀를 기울이는 방법이 담겨 있습니다. 여기서 중요한 것은 당신의 목소리, 즉 마음에 담겨 있는 것이 삶에 드러나도록 행동해야 한다는 겁니다.

이 책에서 창의력을 마음껏 발휘하길 바랍니다. 글을 쓰는 페이지가 많지만 혹시 시각적 표현이 편하다면 그림을 그리거나 사진을 붙여 자신의 마음을 표현해도 좋습니다. 어떤 방식으로 해도 상관없지만 시간을 내어 꼭 완성하길 바랍니다. 이 여정에 정해진 시간표가 있는 것은 아닙니다.

이 질문들이 때로는 낯설고 고통스럽게 느껴질 수 있습니다. 어디서부터 적어 내려가야 할지 막연하기도 하고요. 하지만 질문들을 곱씹다 보면 당신의 과거와도 만날 것이고 현재와도 만나고 미래와도 만날 것입니다. 그러면서 자연스럽게 지금 이 순간에 집중할 수 있을 겁니다.

누구나 인생에 한 번은 자기 마음을 알아가는 여행을

떠나야 합니다. 저는 기꺼이 그 여행의 동반자가 되고 싶습니다. 저의 안내를 따라 진짜 내가 원하는 게 무엇인지, 나는 어떤 사람인지 차분히 알아보는 건 어떨까요? 그러다 보면 일상 속 마음의 태도가 바뀌고, 행동이 바뀌고 결국 인생이 달라지게 됩니다.

또한 이 책에는 꿈을 현실로 만드는 데 도움이 될 긍정의 확언이 가득 담겨 있습니다. 창조주, 근원, 신, 우주와 같은 고차원적인 힘에 대해서도 말합니다. 이 힘을 무엇이라고 부르든 상관없습니다. 목적을 찾고 그에 따른 삶을 살기 위해 반드시 종교적일 필요는 없습니다.

이 책의 끝에 이를 즈음이면 당신이 얼마나 놀라운 존재인지 깨닫고 당신의 마땅한 권리인 성공과 내적 평화를 받아들일 준비가 되어 있길 바랍니다.

차
례

(**Chapter**   **당신 자신** *yourself*
  01   )

**Chapter
05** 과거 *past*

Chapter
01

당신 자신

yourself

"삶에서의 성공과 마음의 평화는 당신의 타고난 권리입니다.

그렇기에 당신은 즐거움과 사랑, 행복으로 가득한

삶을 살 자격이 충분합니다."

-

Success and inner peace are your birthright.

You're entitled to a life of joy, love, and happiness.

행복은 내적인 개념입니다. 다시 말해 우리가 행복하기로 마음먹으면 우리는 행복할 수 있습니다. 행복이 우리 안에 있다면 무엇을 하든, 어느 순간에든 행복할 수 있습니다. 일하면서도 행복을 느낄 수 있고 누군가와의 관계에서도 행복을 느낄 수 있습니다. 우리가 어디에 있든 행복할 수 있습니다.

'너 때문에 마음이 상했어.'

'너 때문에 불행했어.'

이런 일들은 이 지구상에 실제로 벌어질 수 없습니다. 그러니까 그 어떤 것도 우리의 허락 없이는 우리를 분노케 하거나 우울하게 혹은 불행하게 만들 수 없다는 말입니다. 정말 행복한 사람이 되고 싶은가요? 그렇다면 먼저 '삶에서 내가 경험하는 일들은 저 바깥에 존재하는 것을 어떻게 인지하느냐에서 온다'라는 생각을 받아들이길 바랍니다. 내 삶에서 벌어지는 일들은 모두 내 책임이라는 말입니다. 저는 '책임감'이라는 말은 '책임 있게 대하는 것'이라고 생각합니다. 무책임하게 대하는 것이 아니라요.

'그걸 대할 능력은 내게 있어.'

'나도 그걸 대할 능력이 있어.'

오늘부터 이런 식으로 생각해보는 건 어떨까요.

누구나
자신만의

음악이
있다

누구나 앞으로 살아가면서 연주해야 할 음악을 품은 채 이 땅에 왔습니다. 그 음악을 애써 무시해보려 할 수도 있지만 성공과 내적 평화가 가득한 삶을 살기 위해서는 결국 자신만의 음악을 연주해야 합니다.

당신의 내면에 있는 고요한 무언가가 무엇으로든 표현되길 기다리고 있습니다. 그 무언가는 내면의 소리에 귀를 기울이라고 말하는 당신의 진정한 마음으로서, 결코 그 이야기를 멈추지 않을 겁니다. 애써 그 소리가 들리지 않는 척할 수도 있지만, 사색에 잠긴 채 자신과 교감을 나누는 정직한 순간이 찾아오면 당신의 음악으로 채워지길 기다리는 텅 빈 공간이 느껴질 겁니다.

그리고 그곳에 있는 당신은 모험을 감행하길, 타인에게

보여지는 자신의 모습 즉, 에고^{ego}(낮은 자아)에 집중하지 않길, 쉽고 안전하며 안정된 길을 택해야 한다는 타인의 말을 듣지 않길 바라고 있을 겁니다.

자신의 본능을 따르지 않을 때 삶이 한결 편안하다고 생각할 수도 있습니다. 내야 할 돈을 성실하게 납부하고, 채워야 할 양식을 꼼꼼하게 기입하고, 조용히 사람들 속에 섞여 규칙을 따르며 사는 삶이죠. 하지만 그 규칙이란 것은 다른 누군가가 만든 것입니다. 이제 그 규칙을 다르게 쓸 때가 되었습니다.

- 삶이 영화이고 당신이 영화 속 주인공이라고 생각해보세요. 당신이
  등장할 때 어떤 음악이 흘렀으면 하나요?

....

....

....

....

....

- 그 영화의 주인공이 가장 행복을 느끼는 에피소드는 무엇일까요?

....

....

....

....

....

....

- 지금 열정을 품은 것은 무엇인가요? 가장 집중하고 있는 것에 대해 적어보세요.

....

....

....

....

....

- '나는 이걸 하려고 태어났어', '이 사람을 만나려고 태어났어' 등 삶을 뒤흔드는 강한 울림을 경험해본 적이 있나요?

....

....

....

....

....

....

어린 시절의 ⋮

떨림을
기억하나요?

지금 열정을 느끼는 대상이 없거나 떠오르지 않나요? 그렇다면 어린 시절로 돌아가 봅시다.

어릴 적 당신 삶의 목적 또는 소명을 보여주는 물건이 있었나요? 당신이 쓴 짧은 글이나 직접 그린 그림, 스카우트 배지, 봉사상 같은 것 말입니다.

또는 어릴 적 선생님이 당신이 만들어낸 무언가를, 당신에게 무척이나 큰 의미를 지닌 무언가를 보고 격려해준 적이 있나요? 칭찬이나 성취감을 말하는 게 아닙니다. 당신이 영혼의 떨림을 경험했던 최초의 기억을 말하는 겁니다. 여전히 마음속에 자리한 그 떨림을요.

다시 한번 그 기억을 떠올려보세요. 기억에 남는 경험을 적어보세요. 물건을 그림으로 그려보는 것도 좋습니다.

그렇게 하면 잊고 있었던 어린 시절의 기억이 선명해질 것입니다. 그 기억에서부터 시작해보세요. 우리가 가지고 있었지만 잊고 지낸 그것, 거기서 다시 위대한 이야기가 만들어질 수 있습니다.

• 어린 시절로 되돌아가 마음을 설레게 했던 최초의 기억을 떠올려봅시다. 무엇이 마음을 들뜨게 했나요?

• 그 떨림이 지금의 나를 만드는 데 기여했을 겁니다. 그 기억을 잊고 있었나요? 아니면 아직도 일상에서 느끼나요? 자신의 이야기를 해보세요.

"열정이 향하는 일을 찾으세요.
그리고 그 뜨거운 마음을 유지하세요."

_줄리아 차일드Julia Child, 요리 연구가

주어진　　⋮
삶을

다시 쓸
권리

당신은 무한한 가능성을 지닌 작은 아이로 이 땅에 왔다는 것을 기억하세요. 그동안 당신은 사회와 환경에 잘 적응한 사람으로 성장시키겠다는 양육자의 선의 어린 노력 때문에, 주어진 수많은 선택지를 마음껏 탐험하지 못했습니다. 삶에 주어진 문화적, 사회적 조건에 거부권을 행사할 기회는 아마 거의 없었을 겁니다.

어쩌면 당신의 주변에 열린 마음^{open mind}을 가져야 한다고 알려준 어른 또는 스승이 있었을지도 모릅니다. 하지만 그랬을 때조차 반발하거나 무시하거나 괜히 두려워져 잊어버렸을지 모릅니다. 이때 열린 마음이란 세상의 무한한 가능성을 탐색하고 포용하겠다는 삶의 태도입니다.

가슴에 손을 얹고 생각해보세요. 당신의 반발심과 두려

움은 어디서 왔을까요? 조금 더 깊이 생각해보면 옳다고 믿었던 삶의 철학, 종교적 신념, 옷차림, 쓰는 언어 모두 당신의 가족과 대대로 이어진 문화적 유산이 정해놓은 것들에 불과하다는 사실을 깨달을 것입니다. 이미 결정된 길을 조금이라도 거부했다가는 원래 자리로 돌아가 '늘 하던 방식대로' 살아가라는 거센 강요를 맞닥뜨렸죠. 새로운 아이디어에 대해 열린 마음을 가져야 한다는 믿음은 남들과 비슷해져야 한다는 압박에 밀려나고 말았을 겁니다.

이제는 그 믿음에 의문을 제기하고 다시 써야 할 때입니다. 그동안 내가 당연하게 생각해왔던 모든 것에 물음표를 던져보세요. 새로운 가능성이 열릴 것입니다. 그것이 바로 제가 항상 말하는 '열린 마음'입니다.

• 지금껏 살아오면서 관심을 두었거나 창의력을 발휘하고 싶은 일(호기심이 일었던 대상)에서 멀어지게 된 메시지는 무엇이었나요? 아래의 예시 문장이 어떤 글로 채워져 있는지 유심히 살펴보고 당신은 어땠는지 적어보세요.

예시

우리 아이가 스무 살이 되기 전까지는
대학 석사 과정에 진학할 수 없다.

내가 만약 가정을 돌보는 것도, 공부도 제대로 하지 못하면
나를 믿는 사람들에게 실망감을 안겨줄 것이다.

─────────────────────────────────── 할 때까지는

─────────────────────────────────── 할 수 없다.

내가 만약 ─────────────────────────────── 한다면
나를 믿는 사람들에게 실망감을 안겨줄 것이다.

- 만약 과거에 주저했던 일을 실행에 옮겼다면 지금 어떤 일이 일어났
  을까요?

....

....

....

....

....

....

- 당신이 생각하는 성공적인 삶이란 무엇인가요?

....

....

....

....

....

....

인생이
답답하다고

느껴질 때

누구나 살면서 좌절하고 힘든 일들이 있습니다. 하지만 그
것을 다루는 방식은 지금 우리의 시선이 어디를 향하느냐
에 따라 다릅니다. 모든 가능성을 두 팔 벌려 환영하는 열
린 마음으로 살 것인지, 환경 탓만 하며 주어진 가능성을
외면하는 닫힌 마음closed mind으로 살 것인지는 당신의 선택
에 달려 있습니다.

　어디서 이 마음이 발현되는지에 따라 차이는 있지만 누
구나 자기 안의 어딘가에 닫힌 마음이 있습니다. 그 마음
을 알아차리지 못하고 하던 대로 하며 산다면 필시 닫힌
생각에서 비롯된 행동을 하게 됩니다. 당신이 어디를 가
든, 누구를 만나든 닫힌 생각을 뒷받침해주는 근거만 눈에
보일 겁니다.

닫힌 생각, 닫힌 시선으로 세상을 살아가지 않으려면 구체적으로 어떤 상황에서 이런 생각이 드는지 알아차리는 것이 중요합니다. 이때 가장 중요한 감정은 '답답함'입니다. 무언가에 답답하다고 느끼면 무언가 닫혀 있다는 마음의 신호입니다.

만약 어떤 상황에 직면했을 때 알 수 없는 답답함을 느꼈다면 이렇게 되물어보세요.

'나 이대로 괜찮은 것일까?'
'내가 진정 원하는 게 무엇일까?'

처음에는 답이 안 나올 수 있습니다. 그러나 계속 되묻다 보면 닫힌 마음의 원인을 찾을 수 있을 겁니다.

- 우연히 좋은 기회가 찾아오더라도 변화가 두려워 선택을 주저하는 경우가 종종 있습니다. 혹시 이러한 이유로 삶의 기회를 놓친 적이 있나요?

....

....

....

....

- 답답함을 느끼고 있는 상황, 사람이 있나요? 그 이야기를 구체적으로 써보세요. 무엇에서 답답함을 느끼나요?

....

....

....

....

....

"닫힌 마음은
생명력을 잃은 마음입니다."

_에드나 퍼버Edna Ferber, 소설가

어디서든 ⋮

기적을
만드는
사람

세상에는 무슨 일을 하든 기적을 만드는 사람이 있습니다.
그들은 마치 보통 사람과는 다른 특별한 능력을 지닌 것처
럼 보입니다. 항상 자신감이 넘치고 확신에 찬 얼굴로 무
슨 일이든 막힘 없이 척척 해냅니다. 이들의 비결은 무엇
일까요? 그들은 보통 마음의 태도가 다릅니다.

　마음이란 하루에도 몇 번씩 달라지기 마련이지만 이들
은 어떤 상황이든 열린 마음으로 받아들입니다. 닫힌 마음
과 반대로 모든 것에 열린 마음을 갖기로 선택한 것이지
요(이건 매우 중요합니다. 마음이란 당신이 선택할 수 있는 일이에
요). 그러면 활짝 열린 에너지에 따라 행동하게 되고 어디
를 가든 기적을 경험하게 됩니다.

　열린 마음의 사람은 행동하는 데 주저하지 않습니다.

적어도 행동하는 걸 두려워하지는 않습니다. 거침없이 자신이 할 수 있는 일을 찾아 작은 성공을 쌓습니다. 그러다 보면 어느새 자신이 꿈꾸던 사람이 되어 있는 거죠.

열린 마음을 갖는다는 것은 어떤 의미일까요? 과거의 틀에서 벗어나 새로운 시선으로 세상을 본다는 게 아닐까요? 바로 앞 장에서 부정적인 믿음(닫힌 마음)에 대해 적은 글을 다시 읽어보세요. 그리고 과거에 어떤 선택을 했다면 이 부정적인 메시지를 내면화하지 않았을지 생각해보세요.

• 요즘 습관처럼 하는 부정적인 말이 있나요? 지난 일주일간 나 자신에게 했던 '안 된다'라는 말을 '된다'로 바꿔보세요.

| 부정의 말

> [예시] 나는 요리를 잘 못해.

| 긍정의 말

> [예시] 나는 요리를 잘할 수 있어.

- 지금 당신이 한 긍정의 말들이 모두 이뤄진다면 어떤 기분이 들 것 같
  은가요? 아직도 허무맹랑하게 들리나요?

"내가 어떤 인간이라고 믿으면 그것이 바로 나입니다.

그러면 위험을 받아들이고,

실패하는 자신을 허용할 수 있으며

다른 것도 잘해나갈 수 있습니다.

'나는 언제나 가치 있는 사람이다,

존재만으로 가치 있는 인간이다'라는 것을

잊지 마세요."

_웨인 다이어

과거의
나와

이별을
고하라

지금껏 믿어왔던 것들에 이별을 고하세요. 모든 가능성에 마음을 여세요. 무엇이 가능하고 불가능한지는 믿기 나름입니다.

당신은 당신이 현실과 타협했던 대로, 무엇이 가능한지 정했던 대로 됩니다. 부자가 될 수 없다거나 유명해질 수 없다거나 예술가가 될 수 없다거나 등 정말 하고 싶은 일을 가로막는 내면의 확신에 따라 우리는 행동하게 됩니다. 당신의 노력으로 얻는 것은 그 확신이 옳았다는 결론뿐이죠. 이제 생각의 뿌리를 바꿔야 할 때입니다. 오늘부터 '안 된다'라는 생각에 휩싸였던 과거의 나와 이별의 절차를 밟아봅시다. 그 길은 순탄치 않을 거예요. 하지만 반드시 이 과정이 있어야 진정한 열린 마음에 이릅니다.

- 당신이 할 수 없다고 믿어왔던 것은 무엇인가요? 그 생각과 이별을
해봅시다. 오늘부터 무엇이 될 수 없다는 생각을 버리는 겁니다. 내
인생의 버킷 리스트를 아래에 적어보세요.

나의
무한한

가능성을
믿다

무엇이든 가능하다는 생각은 탐험과 창작, 성장을 가능하
게 합니다. 닫힌 마음은 이런 창의적인 일들이 일어날 가
능성을 닫아버리죠. 늘 해왔던 대로 계속한다면 발전은 불
가능하다는 것을 명심하세요. 새로운 생각에 항상 열려 있
어야 합니다. 당신이 지금껏 몸담아온 사회적 환경과 동떨
어져 있는 생각일수록 더더욱 그래야 해요. 더불어 다른
사람들의 말을 판단하지 않고 듣는 자세가 중요합니다.

　당신의 삶에서 참된 기적을 일으키는 능력은 바로 당신
자신이 무한한 가능성에 마음을 열 때 발현됩니다. 지금
껏 불가능하다고 여겼던 일 또는 알아볼 가치조차 없다고
치부해온 것은 무엇인가요? 이제 새로운 사람들과 새로운
생각에 마음을 열 준비가 되었나요?

• 아래 문장을 다섯 번 반복해서 적어보세요.

| 나는 무한한 가능성이 있다.

....

....

....

....

....

....

| 나는 내가 선택한 삶을 살 수 있다.

....

....

....

....

....

- 1년 후에 어떤 사람이 되고 싶은가요?

....

....

....

....

....

....

- 10년 후에는 어떤 사람이 되고 싶은가요?

....

....

....

....

....

....

"나라는 존재는 내가 어떤 사람인지
스스로 믿고 있는 그 모습 그대로입니다.
나의 가치는 다른 어떤 것에서 나오는 게 아니라
내가 믿기로 한 생각에서 나옵니다.
우리는 모두 스스로를 원하는 대로
만들어갈 역량과 의지가 있습니다.
그건 나 자신의 몫입니다."

_웨인 다이어

Chapter
02

선택
choice

"삶이 당신에게 가져오는 것들에
어떻게 반응할지는 오로지 당신의 선택입니다."

-

You always have a choice in how
you react to anything that life offers you.

당신은 무엇이든 선택할 수 있습니다. 낯설고 위험할지도 모르는 길을 따를 건가요? 아니면 당신이 이런 사람이고 이런 열정을 가져야 한다고 가족과 문화에서 정해준 삶과 신념을 의심 없이 믿고 살 건가요?

본인에게 선택권이 있다는 걸 모르는 사람들이 많습니다. 지금 겪고 있는 문제들은 자신이 절대로 통제할 수 없는 외부적 요인에서 생겨났다고 생각하죠. 그러나 삶은 본인이 내린 선택들의 결과물입니다. 사람들은 처음에는 책임을 전가할 대상을 찾거나 변명하며 저항하지만 실은 그 모두가 그들의 선택이었던 거죠.

자신의 한계에 대해 지금껏 갖고 있던 믿음들을 내려놓는 것이 두려울 수 있습니다. 당신이 원하는 대로 상황이 돌아가지 않으면 책임을 전가할 대상이 사라질 테니까요. 하지만 당신은 당신이 걷는 여정의 모든 지점에서 자신의 행보에 책임을 져야 합니다.

지금, 자신에게 한 가지 약속을 해보세요. 이렇게 말하는 겁니다.

"나의 행복을 따르겠다고 약속합니다. 이 약속이 결실을 이루도록 우주가 도와줄 겁니다. 필요한 사람들이 나타나고 걸림돌은 사라질 것이며, 바라는 환경이 펼쳐지고 나아가야 할 방향이 뚜렷이 나타날 겁니다."

삶의 정답은 ⋮

내가 만드는
것이다

자신의 삶을 온전히 책임질 때 우리의 선택은 굉장한 힘을
발휘합니다. 우리가 우리 자신의 삶을 책임질 때는 이렇게
말하게 됩니다.

"왜 이런 감정을 느끼는지, 왜 이런 병에 걸렸는지, 왜
내가 피해를 봤는지, 왜 이런 사고를 당했는지 그 이유를
알 순 없지만 어떤 죄책감이나 후회 없이 전부 제 것이라
고 말하겠습니다. 이 일들이 내 삶에 벌어진 것에 책임을
지고 받아들이며 살아가겠습니다."

왜 그렇게 해야 할까요? 당신의 삶에 벌어진 일에 책임
을 질 때 그 일을 사라지게도 할 수 있고 그 일에서 교훈을
얻을 기회도 생기기 때문입니다. 몸의 통증이나 감정의 소
란에 조금이라도 책임을 느낀다면 그 고통을 없앨 수도 있

고 그 고통이 당신에게 전하고자 하는 메시지를 이해할 수도 있습니다.

그러나 다른 사람이나 외부의 뭔가가 당신의 마음을 책임지고 있다고 생각한다면 그 사람이나 외부의 뭔가가 당신의 마음을 치유해줄 때까지 기다려야 합니다. 하지만 그런 일은 벌어지지 않습니다. 오직 나만이 나의 마음을 치유할 수 있습니다.

- 지금 내 인생에서 '내가 선택한 것'과 '내게 원래 주어진 것'이 무엇인지 분류해보세요. 구체적으로 쓸수록 좋습니다.

예시

내가 선택한 것
대졸 학력, 사랑스러운 배우자, 깔끔한 외모 등

내게 원래 주어진 것
인종, 키, 부모님, 형제, 국적 등

| 내가 선택한 것

| 내게 원래 주어진 것

"자신을 사랑해야 합니다.

인간이라는 존재로서 자신을 믿어야 합니다.

다른 사람들에게 무감각할 필요도 없고

어떤 의미가 될 필요도 없으며

관대하고 사려 깊고 친절한 사람이 될 필요도 없습니다.

나는 그렇게 살지 않습니다.

그런 식으로 행동하지도 않고

누군가에게 그렇게 되라고 말하지도 않습니다.

우리의 인생은 각자가 한 선택만이 정답입니다.

스스로 한 선택의 힘을 이해해야만 합니다."

_웨인 다이어

상상은 :

곧
현실이
된다

우리에게 주어진 가장 큰 선물은 바로 상상력입니다. 지금 존재하는 모든 것은 과거 누군가가 상상했던 일들입니다. 미래에 존재할 모든 것도 지금 우리가 하는 상상에서 출발할 것입니다. 그런데 많은 사람이 마음의 저 광활한 능력을 알지 못합니다. 자신이 현재와 미래를 바꿀 놀라운 힘을 발휘할 수 있다는 걸, 그 힘이 자기 안에 있다는 걸 눈치조차 채지 못합니다.

　무언가를 이루고 싶다면 우선 그것을 해낼 수 있다고 믿어야 합니다. 상상하지 못한다면 이룰 수도 없습니다. 이제 당신의 상상력을 발휘해보세요. 최대한 상세하게 그려야 합니다. 그래야 상상력의 멋진 힘을 제대로 느낄 수 있습니다.

• 당신에게 이상적인 삶이란 무엇인가요? 딱 10초만 눈을 감고 생각해 보세요. 그리고 한 문장으로 정리해보세요. 설명이 더 필요하다면 맨 아래 밑줄에 적어주세요.

예시

---

1 나는 가족과 함께 풍요롭고 행복한 삶을 살고 싶다.

2 나는 심리적으로 안정적이면서
물질적으로 부족함 없는 삶을 이상적으로 생각한다.

---

1 나는 .... 삶을 살고 싶다.

2 나는 ....

.... 삶을 이상적으로 생각한다.

....

....

....

• 이제 조금 더 구체적으로 생각해봅시다. 당신의 아침, 점심, 저녁이 어떤 모습이기를 바라나요? 매 순간 무엇을 보고 듣고 느끼고 싶은지 적어보세요.

| 아침

....

....

....

| 점심

....

....

....

| 저녁

....

....

....

어떤
지팡이를

고르겠습니까?

여기 마법의 지팡이가 두 개 있습니다. 그중 하나를 고를 수 있다고 생각해보세요. 한 지팡이는 한 번 휘두르면 당신이 원하는 물건은 무엇이든 얻을 수 있습니다. 다른 지팡이를 선택하면 어떤 상황 속에서도 마음의 평화를 느낄 수 있습니다.

어떤 지팡이를 고르겠습니까? 물질적 풍요를 보장해주는 지팡이인가요? 아니면 내적 평화를 평생 누리게 해주는 지팡이인가요? 내적 평화를 택한다면 당신은 이미 그 지팡이를 가진 사람입니다.

물질적인 무언가를 얻기 위해 애쓰는 것은 삶의 목적이 될 수 없습니다. 물론 마땅히 즐겨야 하지만 어떤 물건, 장소, 특히 어떤 누군가를 당신의 행복과 성공의 기준으로 삼아서는 안 됩니다.

바로 앞에서 묻고 답했던 질문으로 돌아가 봅시다. 당신이 바라는 이상적인 삶, 그 기저에는 결국 당신이 무엇을 느끼고 싶은지가 자리하고 있습니다. 이상적인 삶으로 직장을 그만두거나 로또에 당첨되고 싶다고 적었다면 그 이면에 당신이 진짜로 바라는 것은 자유일 겁니다.

이제 앞에 기록한 글을 이런 관점에서 바라봅시다. 무엇이 보이나요?

• 당신은 어떤 지팡이를 선택할 건가요?

....

....

....

....

....

• 그 지팡이는 당신이 원하는 삶으로 데려갈 수 있나요?

....

....

....

....

....

"상상이 아름다운 것은
실제로 그렇든 아니든 분명한 진실이다."

_존 키츠John Keat, 시인

Chapter
03

고요

silence

"당신의 심장에 귀를 기울여
귓가에 울리는 음악을 표현해보세요."

-

Listen to your heart,
and express the music that you hear.

행복을 추구하려면 먼저 그 일이 자신이 할 수 있는 일이라고 믿어야만 합니다. 할 수 없는 일이라고 생각하면 우리의 삶은 사랑하는 것을 할 수 없게 되고, 하고 있는 것을 사랑할 수 없는 삶이 되어 결국 심각한 악순환에 빠지고 맙니다. 지금 당신이 할 수 있는 게 아니라 누군가가 할 수 있다고 말하는 걸 믿는다면 결코 당신의 행복을 추구할 수 없습니다.

"내게 주어진 상황에는 가능성이 존재한다.
나는 내가 사랑하는 것을 행복하게 하고
내가 하는 일을 사랑할 수 있다.
나는 그렇게 할 수 있다."

이렇게 믿어야 합니다. 해결책은 우리 내면에 있습니다. 마찬가지로 그것을 하지 못하는 문제 역시 우리의 내면에 있습니다. 더 행복해질 수 있는 일을 밖에서 찾지 마세요. 가만히 심장에 손을 대고 내면의 소리를 들어보세요. 원하는 걸 발견할 겁니다. 이때 고요한 자연 속에 있는 게 도움이 될 수 있습니다. 경이로운 자연을 보면서 사색에 잠기다 보면 자신이 진짜 원하는 삶이 무엇인지 굉장히 선명해집니다. 저를 믿어보세요.

Day
11

이성과

:

직관
사이

지금 손을 들어 자신을 가리켜보세요. 아마도 손가락으로
가리킨 곳은 당신의 심장일 겁니다. 당신의 머리가 아니라
심장이요. 심장이 바로 당신이니까요.

만약 어떤 상황을 마주한다면 당신이 알고 있는 게 중
요한지, 아니면 느끼는 게 중요한지 스스로 물어보세요.
대개는 처한 상황과 환경에 따라 무엇을 먼저 인식하는지
가 달라질 겁니다.

어떤 문제가 생겼을 때(또는 행복한 일이 생겼을 때) 보통
은 이성적인 두뇌가 무엇을 어떻게 해야 할지 판단하지만,
직관적인 심장이 머리를 대신하는 순간도 있습니다.

두려움, 공포, 외로움 또는 흥분, 사랑, 황홀함을 느낄
때 당신을 행동으로 이끄는 강력한 힘은 그 감정이 될 겁

니다. 직관적인 심장을 따르는 순간들이죠. 심장은 항상 목적을 향해 뜨겁게 뛸 겁니다.

이성이 말하는 삶의 목적은 무엇인가요? 대답을 들었다면 이제 심장에 귀를 기울여보세요. 마음이 말하는 삶의 목적은 무엇인가요? 다음 두 페이지에 당신의 목적을 글 또는 그림으로 표현해보세요.

• 이성이 말하는 삶의 목적은 무엇인가요?

• 마음이 말하는 삶의 목적은 무엇인가요?

내면의　：
불꽃을

따르라

우리는 누구나 따라야 할 운명destiny과 소명Dharma이 있습니다. 또한 우리는 살면서 무한한 기회와 사람들을 만나게 됩니다. 인생에서 우리가 맞닥뜨리는 여러 상황은 소명을 향한 우리의 여정을 밝혀줍니다. 이전에는 생각지도 못했던 길로 안내하는 거죠.

'이건 나를 위한 거야. 내게 정말로 중요한 거고 내가 여기 있는 이유야!'라는 생각이 불꽃처럼 번뜩 스치는 순간들이 있습니다. 그 불꽃은 당신에게 집중하고 깜짝 놀라야 할 순간을 알리는 신호이자 당신이야말로 세상의 빛임을 알리는 신호입니다.

그 내면의 불꽃은 신이 당신에게 건네는 대화입니다. 그 대화를 외면하지 마세요. 그것을 느낀다면, 즉 당신 안의 무언가가 점화된 것을 느낀다면 이제 그것을 적극적으로 시작해야 한다는 의미입니다. 진정한 당신이 빛을 내며 반짝이고 있는 것이죠. 자신을 믿는 것이 곧 자신을 창조한 지혜의 근원을 믿는 거라는 마음으로 삶이 당신에게 가져오는 것들에 '예스'라고 말해보세요.

내면의 불꽃을 알아보는 능력을 키우려면 자신의 직감을 들여다보는 것부터 시작해야 합니다. 마음을 믿을수록 모든 것이 당신의 소명을 향해 있음을 보게 될 겁니다.

• 살아오면서 내면의 불꽃을 느낀 적이 있나요? 어떤 상황을 마주했을 때 '이건 나를 위한 일이야'라는 직관이 스친 적이 있나요?

....

....

....

....

....

• 그 신호를 느꼈을 때 받아들였나요? 아니면 거부했나요? 당신의 이야기를 들려주세요.

....

....

....

....

....

고요한 ⫶

시간의
힘

우리는 매일 시끄러운 음악, 사이렌, 공사 장비, 비행기, 덜덜거리는 트럭, 낙엽 청소기, 잔디 깎기, 나무를 써는 톱 소리가 쉴 새 없이 울리는 시끄러운 세상에 살고 있습니다.

이런 인공적인 소음은 우리의 감각을 방해하고 고요함을 밀어냅니다. 사실 우리는 의도적으로 고요함을 밀어낼 뿐 아니라 심지어 두려워하기도 하죠. 차에서는 언제나 라디오를 틀고, 대화 중에 잠시라도 정적이 찾아오면 민망함을 느끼며 재빨리 이야기를 시작합니다. 많은 사람이 혼자 있거나 침묵 속에 있는 것을 고문으로 여깁니다.

당신은 고요함 속에 가만히 머무는 것에 대해 어떻게 생각하나요? 한 시간 동안 아무것도 하지 않는 여유가 생긴다면 어떻게 할 건가요? 생각을 적어보세요.

• 어떤 종류의 고요함을 좋아하나요? 책과 마주한 고요함, 파도소리가
  철썩이는 고요함, 사각거리는 풀 소리가 가득한 고요함 등 당신이 좋
  아하는 고요함에 대해 적어보세요.

예시

나는 방파제 위에 서서 파도 소리를 들으며
수평선을 바라보는 시간을 좋아한다.

나는ㅤ..

....시간을 좋아한다.

"온 세상이 침묵할 때는

한 사람의 목소리도 강력하게 울립니다."

_말랄라 유사프자이Malala Yousafzai, 시민운동가

귀를 　⋮
기울이면

들리는 것들

고요함을 반갑게 맞이하고 당신의 삶에 고요함이 자리할 시간을 더 많이 갖길 바랍니다. 가장 좋은 방법은 매일 명상을 하는 것입니다. 다양한 명상 수련법을 찾아 직접 해보면서 자신에게 가장 잘 맞는 명상법을 찾아보세요. 한 가지 명심할 점은 나쁜 명상이란 없다는 겁니다.

저는 운전 중에 정지 신호가 나올 때마다 명상을 하려고 합니다. 차가 멈추고 제 몸도 잠시 움직임을 멈추었을 때 가만히 살펴보면 분주히 움직이는 것은 마음속 생각뿐일 때가 많습니다.

2분 남짓 정지 신호가 떠 있는 동안 제 마음은 움직임을 멈춘 차와 몸과 같은 상태가 됩니다. 이때 고요함이라는 정말 멋진 선물도 덤으로 받습니다. 하루에 운전하면서 마주치는 정지 신호가 보통 스무 번에서 서른 번 정도이니 전부 합치면 40분에서 한 시간 정도 고요함을 누리는 것입니다. 그리고 저의 명상 시간이 끝났음을 알려주는, 경적을 울릴 수 있는 사람이 항상 제 뒤에 있기까지 하죠.

이렇게 한번 해보세요. 아침에는 '아' 소리를, 저녁에는 '옴' 소리를 각각 10분씩 반복하는 겁니다. 지금껏 한 번도 경험해보지 못한 내적 평온을 경험할 수 있을 거예요. 너무 길다면 1분도 괜찮아요.

혼자 명상을 이끌어가기 어렵다면 명상 앱의 도움을 받는 것도 좋습니다. '캄Calm', '헤드스페이스Headspace', '마음 보기 명상' 등 자신에 맞는 앱을 선택하세요. 차분한 음악과 함께 명상 리더들의 신호에 맞춰 호흡하다 보면 시간이 훌쩍 지나 있을 겁니다.

이 외에도 삶에 고요함과 명상을 더할 수 있는 방법은 많습니다. 최근 관심을 두고 있거나 이미 하고 있는 수련법에 대해 적어보세요. 수련 일정을 정하고 이를 지키기 위해 노력하세요. 아침에 일어나 5분이나 자기 전 5분, 출퇴근길도 좋습니다. 그리고 한 번씩 이곳으로 돌아와서 명상 후 달라진 점을 기록해보세요.

- 딱 일주일만 하루 5분 명상을 습관화해봅시다. 매일 눈을 감고 들숨
  과 날숨을 반복하며 호흡을 해보세요. 그리고 명상 후 느낀 점을 간단
  히 적어보세요. 명상이란 특별한 게 아닙니다. 자신만의 고요한 시간
  을 갖는 것입니다.

	오늘 당신의 마음에 무엇이 있나요? What's on your mind?
월	
화	
수	
목	
금	
토	
일	

Chapter
04

자연
nature

"살면서 불편하고 불쾌한 기분이 들 때면
자연에서 평화를 찾으세요."

-

Anytime in your life when you're feeling out of sorts
in any way, go to nature and find your peace.

자연은 경이롭습니다. 자연 앞에서는 우리가 무엇이든 가능한 존재임을 새삼 깨닫게 되죠. 물끄러미 자연이 변하는 것만 바라봐도 우리 존재 자체가 기적임을 알게 됩니다.

당신에게도 자연과 같은 에너지가 있습니다. 무언가를 시작하고 선택하며 키워내는 힘이 있습니다. 당신에게 그런 힘이 있다는 걸 깨닫기만 하면 인생에서 어마어마한 성취를 이룰 수 있습니다. 각자 에너지의 모양은 다르지만 그 힘으로 모든 것이 창조되니까요.

잠시 밖으로 나가 산책을 해보세요. 그리고 눈을 감아보세요. 스치는 바람, 차가운 공기, 당신을 둘러싼 자연에 귀를 기울이면 평소와는 다른 일상이 느껴질 거예요. 이것이 바로 치유의 힘, 창조의 힘입니다.

'공기가 어제와 다른가요?'
'바람의 온도가 어떤가요?'
'나뭇잎의 색이 아름다운가요?'

이번 장에서는 그런 힘을 지닌 자연에 대해 생각해봅시다. 당신에게 자연이란 어떤 의미인지, 당신이 행복을 느끼는 공간은 어떤 모습인지 눈을 감고 가만히 그려보는 건 어떨까요?

맨발로
잔디를

걸어본 적이
있나요?

자연은 여러 아픔을 치유하는 놀라운 힘이 있습니다. 불면증으로 고통스러울 때는 잠들기 전 맨발로 잔디를 걸어보세요. 촉촉하면서 부드러운 흙의 기운이 살갗에 전해질 겁니다. 처음에는 느낌이 이상하고 낯설지 몰라도 시간이 지나면 이내 익숙해져서 자연과 하나가 되는 느낌이 들지요. 딱 10분만 그렇게 걸으면 이내 더없이 달콤한 잠에 빠질 수 있습니다.

또는 하루쯤 외딴곳에 머물면서 새 소리, 곤충 소리, 나뭇잎이 바스락거리는 소리, 바람 소리 등 자연의 소리만 들어보세요. 대형 트럭 소리, 콘크리트 믹서 트럭 소리, 쩌렁쩌렁 울리는 스테레오 소리 같은 도시의 소음에 시달려 온 몸을 치유할 수 있습니다. 이미 익숙해져서 인식하지 못하지만 도시의 이 무자비한 소음들은 매일 우리를 괴롭히고 있습니다.

도시를 떠나 캠핑을 가는 것도 좋고, 시골의 마을에 며칠간 머무르는 것도 좋습니다. 자연과 함께하는 시간을 일상 속 루틴으로 삼길 바랍니다. 한 달에 하루쯤은 홀로 자연과 교감하는 시간을 갖도록 하세요. 이것이야말로 진정한 일상 속 테라피입니다.

• 복잡한 도시에도 한두 군데 정도 자연과 교감할 수 있는 장소가 있습니다. 아니면 도심에서 30분 거리에 있는 교외도 괜찮아요. 지금 당장 일상에서 자연과 교감할 수 있는 장소를 아래에 적어보세요. 사진을 붙이거나 그림을 그려도 좋습니다.

- 조금 더 멀리 가볼까요? 자연을 느끼기 위해 평소 점찍어놓았던 장소 가 있나요? 아니면 인생에 한 번쯤 가고 싶다고 꿈꿔왔던 곳, 대자연 을 느낄 수 있는 장소가 있나요?

- 만약 돈과 시간에 제약이 없다면 가고 싶은 곳은 어디인가요? 구체적 으로 상상해봅시다.

‘새싹의
경이로움’을

느끼는
일상

씨앗에서 움트는 초록의 새싹을 관찰해보세요. 인터넷에서 저속 촬영으로 녹화된 영상도 좋습니다. 생명의 경외감이 느껴지는 장면을 가만히 지켜보세요.

흙과 돌을 비집고 고개를 내미는 새싹은 바야흐로 생명이 시작됨을 의미합니다. 하지만 그 누구도 어떤 조화로 이런 일이 벌어지는지 알지 못하죠. 생명의 싹을 틔우는 창조적인 불꽃은 무엇일까요? 그리고 무엇이 지금 이 생명의 시작을 관찰하는 사람을 만들었을까요? 무엇이 사람의 의식과 관찰, 지각을 만들었을까요? 질문은 끝도 없이 이어집니다.

한편 언제나, 어디서나 그리고 작은 씨앗을 포함해 그 무엇에나 기적을 일으켜온 우주의 법칙은 여전히 존재한다는 것을 명심하길 바랍니다. 그 힘은 결코 사라진 적이 없고 앞으로도 그럴 겁니다.

당신에게도 그 에너지가 있습니다. 당신도 기적을 일으키는 사람이 될 수 있습니다. 다만 그 힘을 믿고 당신 안에 그 힘이 있다는 것을 깨달아야만 합니다.

이 창조적이고 사랑이 넘치는 기적과도 같은 에너지 안에 우리가 있음을 깨달으며 잠시 고요히 머물러보세요. 그리고 준비되었다면 조금 전 그 명상이 어떤 생각과 감정을 불러일으켰는지 적어보세요.

- 끝없이 펼쳐진 은하수, 우주에서 바라본 지구, 홀로 우뚝 솟은 호주의 울룰루 바위 등 자연의 경이로움을 느낀 순간이 있나요? 언제 무엇을 보고 그런 느낌을 받았나요?

"당신은 기적입니다.

당신을 스치는 것 모두 기적이 될 수 있습니다."

_틱낫한Thich Nhat Hanh, 불교 지도자·평화운동가

세상을 담은 ⋮

그릇이
된다는 것

누구나 자신만의 신이 있습니다. 당신은 그 신의 신성한 창조물로 그 신과 결코 분리될 수 없습니다.

신은 바다이고 당신은 그릇이라고 생각해보세요. 의심이 드는 순간, 길을 잃은 것 같은 순간, 홀로 외로이 있는 순간에 당신이라는 그릇을 신의 바다에 담그면 당신은 신을 담은 그릇이 되겠지요. 그릇은 아주 크지도, 강하지도 않지만 신의 안에 있습니다. 마음을 열어 받아들이고자 한다면 결코 신과 분리되는 일은 없습니다.

신과 멀어졌다고 느낄 때 우리는 창조와 기적을 일으키는 힘, 살아 있는 기쁨을 느끼게 해주는 힘을 잃고 맙니다. 그 원인은 바로 우리의 에고에 있습니다. 따라서 에고를 길들이고 우리 안의 신을 소중히 여겨야 합니다.

- 일상을 지탱해주는 당신만의 신이 있나요? 평소에 믿고 기대는 존재에 대해 적어보세요.

- 힘이 들 때 무엇을 하나요? 정확히는 무엇에 기대나요?

진정한
나와

일치하는
삶

형체가 생기기 전 우리의 마음과 신의 마음은 하나였습니다. 에고의 굴레에서 자유로웠습니다. 그렇기에 우리가 우리 안의 신과 조화를 이룰 때 무언가를 해낼 수 없다는 생각은 들 수 없습니다.

에고는 자신만 위하는 삶을 살라고 말하지만 사실은 내면의 진정한 나와 일치하는 삶을 살아야 합니다. 따라서 에고의 요구를 길들이기 위해 매일 노력해야 합니다. 방법을 모르겠다면 당신은 어떤 사람이고, 어떤 대접을 받아야 하는지 지금껏 가지고 있었던 믿음 몇 가지를 살펴보는 것부터 시작해보세요. 혹시 당신은 '나는 부자가 되고 유명해져야 한다'라는 식의 외부적인 에너지에 잠식된 에너지에서 비롯된 믿음을 갖고 있나요?

• 당신의 진정한 내면은 어떤 모습을 하고 있나요?

예시	
에고	진정한 나
나는 직장에서 성공해 높은 위치까지 올라야 한다.	고요에서 편안함을 느낀다.

에고	진정한 나

● 예고와 진정한 나를 일치시키기 위해 지금 당장 무엇을 할 수 있을까요? 간단한 말이나 행동도 좋습니다. 할 수 있는 일들을 적어보세요.

> **예시** 매일 주어진 일을 충실히 하면서 주말마다 홀로 산에 올라 고요한 시간을 잠시나마 갖는다.

....

....

....

....

....

....

....

....

....

....

....

....

나의 ⋮
삶은

나보다
큽니다

고요한 마음을 유지하며 내 안의 에고를 길들여봅시다. 아래 문장을 반복해서 말해보세요.

"나의 삶은 나보다 크다."

이 문장을 집, 자동차, 회사 등 평소에 자주 들여다볼 수 있는 곳에 붙여둡니다. 여기서 '나'는 당신의 에고입니다. 당신의 삶은 에고에 가로막히지 않고 당신을 통해 흐릅니다. 이 흐름을 실현하기 위해 이 땅에 온 것이죠. 당신의 삶은 무한히 흐릅니다. 당신의 에고를 가리키는 '나'는 찰나에 머무는 작은 존재일 뿐입니다.

• 아래 문장을 여러 번 적어보세요.

| 나의 삶은 나보다 크다.

• 진정한 나로 살기 위해서 오늘 실천할 수 있는 것은 무엇인가요?

예시 매일 아침 5분 글을 읽고 일기 쓰기

내 삶의 ⋮

주파수
맞추기

당신에게는 진정한 당신, 즉 타고난 본성과 조화를 이룰 힘이 있습니다. 그 타고난 본성이란 바로 형체를 지닌 신성한 에너지입니다.

당신의 삶에는 창조하고, 베풀고, 충만하고, 사랑하고, 즐겁고, 판단하지 않고, 무엇이든 가능한, 눈에 보이지 않는 메커니즘이 있습니다. 본래 당신은 늘 베풀고 타인을 도우며 끝없이 나누는 존재입니다.

이제 해야 할 일은 외면적인 모습에 잠식당한 이전의 생각 주파수를 끄고 진정한 본성으로 이끄는 주파수에 당신을 맞추는 겁니다. 무언가 결핍되고, 무의미하게 바쁘고, 기회를 놓치고, 운이 나빴던 것들은 모두 본성이 발산하는 주파수와 엇갈렸기 때문에 벌어진 일입니다.

자신을 진정한 본성의 주파수에 맞출 수 있도록, 부정적으로 생각하는 습관에 빠지는 자신을 붙잡는 연습을 해야 합니다.

'될 수 없다', '안 될 것이다', '내게 행운은 오지 않는다' 같은 생각에서 벗어나 '될 것이다', '반드시 된다', '이미 이뤄지고 있고 결국 이뤄지리란 걸 알고 있다'와 같이 생각해보세요. 그리고 어떤 일이 벌어지는지 기록해보세요. 인생이 조금씩 달라지는 게 느껴지나요?

• 최근 '될 수 없다', '안 될 것이다', '내게 행운은 오지 않는다'라고 생각한 적이 있었나요? 있다면 구체적으로 적어보세요.

예시

나는 자격증 시험에 합격할 수 없을 것이다.

• 위 문장에서 부정어를 긍정어로 바꿔보세요. 어떤 일이 일어날 것 같은가요?

예시

나는 자격증 시험에 합격할 수 있을 것이다.

"잠시 앉아 사색에 잠기기를

두려워하지 마세요."

_로레인 핸스버리Lorraine Hansberry, 시나리오 작가

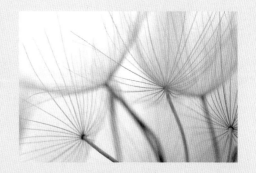

프란츠
카프카와

두려움

살면서 두려움에 빠질 때, 자신을 믿지 못할 때가 있습니다. 그럴 때가 찾아오면 가만히 그 감정을 살펴보세요. 최대한 객관적으로 내 상태를 파악해보려 노력하는 겁니다. 그러나 만약 당신이 크게 당황스럽거나 두렵다면 감정을 마주하기가 어려울 수 있어요. 이럴 때 저는 아래 글을 천천히 읽습니다. 제가 정말 좋아하는 체코의 작가이자 시인인 프란츠 카프카Franz Kafka가 남긴 유명한 글입니다.

무엇도 할 필요가 없습니다.
가만히 책상에 앉아 귀를 기울이면 됩니다.
귀를 기울일 필요도 없습니다.
그저 기다리세요.

기다릴 필요도 없습니다.

그저 홀로 고요히 가만히 머무는 법만 배우면 됩니다.

그러면 세상은 제 몸을 바쳐

당신이 가면을 벗고 본모습을 내보이게 할 것입니다.

세상은 황홀함에 빠진 채

그저 당신의 발아래서 뒹구는 것 외에는

달리 도리가 없습니다.

이 글은 제게 명상에 대한 글을 쓰고 탐험하도록 영감을 줬을 뿐 아니라 우리 부부가 소란과 혼란보다 침묵과 경청을 중시하는 환경에서 아이들을 키우겠다고 결심한 계기가 되었습니다.

살면서 어떤 선택을 내려야 하지만 무엇을 택해야 할지 판단하기 어려웠던 순간이 있었을 겁니다. 혹시라도 잘못된 선택을 내릴까 봐, 다른 사람들에게 실망을 안겨줄까 봐 두려웠겠죠. 두려움에 빠졌을 때 찾아오는 생각은 모두 당신을 목적에서 멀어지게 만드는 동시에 나약하게 만듭니다. 두려움에 빠진 생각은 우리를 옴짝달싹하지 못하게 옭아맵니다.

어떤 선택을 내려야 할 때 두렵다면 잠시 멈춰 생각해보세요. 두려움이란 감정을 차분히 살펴보는 겁니다. 이렇게 말하면서요.

"도대체 어떻게 해야 할지는 모르지만 이 두려움을 잘 넘길 수 있다고 믿습니다. 저는 그럴 힘이 있는 사람이니까요."

그리고 말한 대로 하면 됩니다. 자연스럽게 해결될 수 있도록 물러서세요. 고차원적인 우주의 에너지가 깜짝 놀랄 정도로 빠르게 두려운 생각을 무력화하는 동시에 힘을 줄 것입니다.

• 지금 가장 큰 두려움은 무엇인가요?

• 두려움은 어떤 모양을 하고 있나요? 이미지로 표현해도 좋고, 글로 써도 좋습니다. 편안하게 느껴지는 방법으로 표현해보세요.

우연은
없다

세상에 우연이란 있을 수 없습니다. 우연히 일어나는 일은 없습니다. 인정하기 힘들겠지만 과거의 일들이 지금의 당신을 만들었습니다. 당신이 바로 그 증거죠.

앞으로의 삶에서도 당신은 성장하기에 앞서 아픔과 불행을 먼저 경험할 겁니다. 과거의 어두운 시간들, 불의의 사고, 힘든 사건들, 피폐하고 무너졌던 일, 질병, 학대, 실패한 꿈들 모두 당신에게 필요한 일들이었습니다. 이미 벌어진 일들입니다. 벌어져야 '했던' 일들이고 '막을 수 없는' 일임을 이제는 알겠지요.

이렇게 생각하며 삶에 찾아온 힘든 시간을 받아들이세요. 필요하다면 상담사나 친구의 도움을 받아도 좋습니다. 딱 세 가지만 기억하세요.

'이해하고, 받아들이고, 존중하라.'

삶에 벌어진 모든 일에 의미가 있다는 것을 깨달을 때 비로소 다르게 볼 수 있습니다. 특히 당신의 삶을 크게 변화시킨 일들은 '우연'을 허락지 않는 위대한 지적 존재가 당신을 인도하는 손길로 이해할 수 있습니다. 그때 진정으로 그 기억에서 벗어날 수 있습니다.

과거의 에너지를 전환할 수 있는 의식을 갖는 것도 도움이 됩니다. 예를 들면 고통을 주었거나 힘들었던 사건에 대해 글을 씁니다. 그 사건으로 인해 당신이 겪은 모든 일을 글로 쓴 뒤 (안전하게) 태워버리세요. 그 기억과의 고리를 끊어내고 나면 자유로이 나아갈 힘이 생길 겁니다.

- 과거에 실패했거나 상처받았던 사건을 적어보세요. 어떤 일이 있었고,
  그때 어떤 감정을 느꼈나요?

....

....

....

....

....

....

....

....

....

....

- 종이에 위 사건을 옮겨 적은 뒤 난롯가에 던져버리세요. 그리고 따뜻
  한 차 한 잔을 마시는 겁니다. 조금 편안한 기분이 들 거예요.

"당신이 어디에 있든지 간에 명심해야 합니다.
당신의 삶에서 모든 순간이
살아있기에 기적이라는 것을요.
미래에 벌어질 어떤 일에서
기적을 찾는 건 그만두세요.
깨달음의 길을 따라가는
모든 발걸음을 즐기시길 바랍니다."
_웨인 다이어

Chapter
05

과거

past

"당신에게 벌어진 모든 일을 받아들이고
인생의 다음 장으로 나아가세요."

-

Embrace everything that has happened to you,

and move on to the next act.

우리 삶에 있었던 모든 것이 흔적을 남깁니다. 부모, 학교,
사회에서 우리가 배우고 경험한 모든 일이요. 하지만 인생
이라는 배를 운전하는 건 지나간 흔적들이 아닙니다. 마치
항적이 보트를 끌고 가는 게 아니듯 말이죠.
우리의 인생을 끌고 가는 건 지금 이 순간 우리의 에너지
입니다. 과거에서 벗어나 더 큰 깨달음을 얻으려면 지난날
의 나쁜 기억을 모두 지우세요. 과거에 일어났던 일들이
나의 지금을 결정한다는 생각을 놓아 보내세요. 그리고 이
것만 기억하세요.

· 내 이름이 나는 아니다.

· 내 육체가 나는 아니다.

· 내 정신이 나는 아니다.

· 내 직업이 나는 아니다.

· 내가 맺은 관계가 나는 아니다.

· 국적, 인종, 종교 등 내게 붙은 그 어떤 꼬리표도
  내가 아니다.

이번 장에서는 과거가 정의한 나라는 꼬리표를 떼고 진정
한 '나'가 되는 시간을 가져보세요. 과거는 지나갔습니다.
그 사실이 당신의 마음을 편하게 해줄 겁니다.

비버는 절대
세월을

낭비하지
않지

과거는 지나갔습니다! 당신은 과거에서 해방되었습니다.
지금 이 순간에 몰입하세요. 지금 이 순간이야말로 바로
당신에게 주어진 선물입니다. 이 순간을 선물이라고 부르
는 이유가 있습니다. 열어보고, 기쁨을 느끼고, 소중히 여
기고, 갖고 놀고, 즐기고, 탐험하는 대상이니까요.

　인간 외에 과거와 미래의 생각으로 현재를 낭비하는 생
명체는 없을 겁니다. 비버는 지금의 순간에 충실하게 비버
로서 살아갈 뿐입니다. 비버는 자신이 어려졌으면 좋겠다
는 생각으로 세월을 낭비하지 않죠. 항상 지금 이 순간에
머뭅니다. 과거의 죄책감에, 미래의 걱정에 사로잡혀 시간
을 낭비하지 않는 비버를 보며 현재를 즐기는 법을 배워보
세요.

Trigger
Question

- 당신의 현재를 선물이라고 말할 수 있나요? 그렇다면 어떤 이유에서
  그런가요? 만일 아니라면 그 이유는 무엇인가요?

....

....

....

....

....

....

....

....

....

....

....

....

....

- 행복을 느끼는 순간을 이미지로 표현해보세요. 그림으로 그려도 좋고,
  사진과 일러스트레이션 등을 활용해도 됩니다.

내 안의 ⋮

이름표를
떼라

과거를 놓아줄 때는 스스로 붙인 이름표도 모두 떼어내야
합니다. 당신은 한국인도, 미국인도, 이탈리아인이나 아프
리카인도 아닙니다. 그저 인류의 구성원일 뿐이죠. 당신은
여성이나 남성 같은 성별도, 직업도, 정당도 아닙니다. 그
저 당신일 뿐입니다.

당신에게 붙여진 이름표는 당신의 본질을 부정합니다.
따라서 무엇이든 될 수 있는 무한한 존재가 아닌 이름표에
따라 살아가게 되죠. 하지만 당신의 진정한 본질은 창조
와 사랑의 에너지입니다. 과거에 다른 이들이 당신에게 붙
여준 이름표를 극복하고 넘어설 때, 당신이 자신에게 붙인
거짓 이름을 모두 버릴 때 당신이 바라는 형태로 현재의
순간에 존재할 수 있습니다. 당신의 삶 속 매 순간 무엇이

든 될 수 있습니다.

　잠시 시간을 내서 지금껏 당신에게 붙어 있던 이름표들을 전부 적어보세요. 그리고 그 이름들이 당신의 본질을 어떻게 부정하고 있었는지 생각해보세요.

- 당신을 규정하는 이름표들을 전부 적어보세요. 성별, 직업, 인종 등 한 사람당 최소 4~5개 이상의 이름표들을 가지고 있을 겁니다.

예시

나는 다섯 살짜리 아이의 엄마다.
나는 초등학교 선생님이다.

1

2

3

4

5

이름표 :
없애기

연습

당신은 당신이 성취한 것도, 거쳐온 것도, 다른 이들이 당신에게 가르친 것도, 당신에게 벌어진 일도 아닙니다. 이 사실을 기억하면서 이제 붙여진 이름표들을 없애는 훈련을 시작해봅시다.

당신은 당신에게 붙은 그 어떤 이름이 아니라 사랑받는 존재의 일부이자 신성한 내면에서 나오는 무한한 힘에 항상 연결되어 있는 존재입니다.

그렇기 때문에 볼 수 있습니다. 자신이 어떻게 움직이고 있는지 주시하고 관찰할 수 있습니다. 자신이 했던 일이 아니라 어떻게 되고 싶은지로 시선을 돌리면 무엇이든 할 수 있는 존재가 되어 있음을 발견할 것입니다.

• 어떤 이름표도 없는 본연의 나는 어떤 모습일까요? 내가 누구인지 이름표를 빼고 적어보세요. 나의 모습을 그림으로 그려도 좋습니다.

실패를 :

해석하는
기술

이름표를 떼어버리는 방법을 배우고 있는 당신에게 한 가지 꼭 말해주고 싶은 게 있습니다. 바로 실패에 관한 이야기입니다.

과거를 생각하면 실패한 것 같은 기분을 느낄지도 모릅니다. 하지만 글쎄요. 사실 실패란 건 없습니다. 피드백만 있을 뿐이죠.

우리가 하는 모든 일에는 결과가 있기 마련입니다. 제가 제 아이들에게 자주 하는 이야기가 있습니다.

"진정한 고귀함은 다른 사람보다 나아지는 데 있는 게 아니라 네 과거보다 나아지는 데 있단다."

그러니 자기 자신에게 실패자라는 이름표를 붙여 그 이름표로 살아가지 마세요. 지난 경험에서 당신에게 중요한 무언가를 배웠고 다음번에는 훨씬 좋은 결과가 있을 거라고 생각하세요.

한 가지 더, 실패란 판단의 결과물이라는 것을 명심하세요. 의견일 뿐입니다. 당신의 두려움에서 비롯된 또 하나의 이름표일 뿐이죠. 이 두려움은 사랑으로 물리칠 수 있습니다. 자기 자신을 사랑하는 것으로요. 당신이 하는 일을 사랑하고, 다른 이들을 사랑하며, 이 지구를 사랑하는 것으로 이겨낼 수 있습니다.

당신 안에 사랑이 있을 때 두려움이 자리할 공간은 없습니다. "두려움이 문을 두드렸다. 사랑이 문을 열어 나가자 그곳에는 아무도 없었다." 이 오래된 격언에 참된 지혜가 있습니다.

• 당신이 반드시 기억해야 할 진실은 '실패는 의견'이라는 것입니다. 당신이 실패라고 이름 붙였던 사건이 있나요?

• 당신의 실패를 지탱해줬던 '사랑'에 대해 적어보세요. 어떤 사랑의 힘이 실패의 감정으로부터 지켜주었나요?

"챔피언이란 그가 성취한 승리가 아니라
실패했을 때 어떻게 다시 일어섰는지로
결정된다고 생각합니다."

_세레나 윌리엄스^{Serena Williams}, 테니스 선수

에고라는 :
적 :

남들보다 가진 것이 많을 때 만족을 느끼는 사람들이 있습니다. 돈이 많으면 만족하는 거죠. 더 큰 상을 받고 더 높은 지위에 오를 때 만족을 느낍니다.

에고는 당신에게 경쟁하고, 비교하고, 결론을 내야 한다고 종용합니다. 남들보다 더 빨리 달리고 더 멋져 보이는 데 집중하도록 말이죠. 이 낮은 자아 수준의 의식에서 문제가 발생합니다. 내적 평화를 얻는 것이 사실상 불가능하고 성공은 늘 당신을 피해만 가죠. 항상 더 많은 것, 더 높은 곳을 바라기 때문입니다.

좌절, 분노, 증오, 괴로움, 스트레스, 우울함의 감정은 불안한 자아, 외부의 기준을 고집하는 낮은 자아에서 비롯됩니다. 그 기준에 부합하지 못해서 또는 다른 사람들과 엇비

숫하게 어울리지 못해서 큰 고통을 느낍니다. 에고는 당신이 쉬도록 내버려두지 않고 계속해서 더 많은 것을 하라고 요구합니다. 당신이 실패할까 봐 두려워하기 때문이죠.

만족할 줄 모르고 끊임없이 더 원하기만 하는 에고를 길들이는 법을 배워야 합니다. 에고를 뛰어넘어 더 높은 자아higher self를 삶의 주인으로 삼아야만 목적에 따르는 삶을 살며 내면의 반짝임과 만족감을 느낄 수 있습니다.

- 당신의 진짜 행복을 가로막는 에고에는 무엇이 있나요? 또는 에고를 경험한 적이 있나요? 그때 어떤 기분을 느꼈고 지금은 어떤 생각이 드나요?

....

....

....

....

....

- 그때 외부의 기준이 아니라 진짜 마음의 소리를 들었다면 당신의 삶에 어떤 일이 벌어졌을까요?

....

....

....

....

....

나는 ⋮
증오에게

자리를
내어주지 않겠다

부정적인 감정은 당신도 모르는 사이에 당신의 세계를 순식간에 지배해버립니다. 그리고 당신은 그런 감정이 옳다고 확신해버리죠. 아마 주변에서 이렇게 말하는 사람들을 많이 봤을 겁니다.

"내가 그런 대접을 받다니, 내가 화가 나는 건 당연해. 지금 내 안의 분노, 아픔, 우울, 슬픔, 원망은 너무 당연해."

목적과 행복이 충만한 삶을 사는 저만의 비밀 중 하나가 바로 이런 생각을 하지 않는 것입니다. 혹시 지금 마음속에 원망이 가득한가요? 그렇다면 당신은 자신의 감정을 다른 사람이 마음껏 조종할 수 있도록 통제권을 넘겨주는 것입니다.

오래전 저는 이 글을 읽고 크게 공감했습니다.

"원망은 당신이 경멸하는 사람을
머릿속에 무료로 살게 해주는 것이다."

어떤 것이든 부정적인 감정을 정당화할 때 생기는 문제
가 바로 이것이죠. 마음의 평화가 사라지고 내면세계의 통
제권이 다른 사람에게, 그것도 당신이 싫어하고 마주하고
싶지 않은 사람의 손에 넘어가는 겁니다.

• 누군가를 아주 싫어한 적이 있나요? 부정적인 감정이 마음을 가득 채
  웠던 적이 있나요?

....

....

....

• 그럴 땐 아래 문장을 두 번 적어보세요.

_____

원망은 내가 경멸하는 사람을
내 머릿속에 무료로 살게 해주는 것이다.

_____

1
....

....

2
....

....

"당신에게 벌어지는
모든 일을 통제할 수는 없지만
그 일들에 소모되지 않겠다고
선택할 수는 있습니다."

_마야 안젤루Maya Angelou, 시인·영화배우

부정적   :
에너지를

피하는 법

꾸준한 명상 수행이 원망, 미움과 같은 부정적 에너지를
피하는 데 도움이 될 수 있습니다. 명상을 하면 긍정적 에
너지가 뿜어져 나와 당신이 마주한 부정적 에너지를 튕겨
내도록 도와줍니다. 그 무엇도 뚫을 수 없는 투명 방패막
이인 셈이죠. 부정은 당신의 '몫'이 아니라는 내적 깨달음
과 함께 적대적인 에너지를 미소로 대하는 것입니다. 누군
가 자신의 불행 속으로 당신을 끌어들이려 해도 당신이 허
락하지 않는다면 불가능한 일입니다.

명상 수행을 하면 타인의 부정적 에너지에 면역이 생
길뿐만 아니라 당신의 평화로운 에너지로 다른 사람들을
물들일 수도 있습니다. 여러 연구를 통해 명상이 세로토
닌serotonin(개인이 느끼는 평화와 조화로움의 정도를 파악할 수 있

는 뇌 속 신경전달 물질) 수치를 높인다는 사실이 드러났습니다. 그리고 놀랍게도 명상 수행자들의 곁에 있는 것만으로도 세로토닌 수치가 증가한다고 합니다. 즉 명상을 통해 평온함을 쌓아갈수록 주변 사람들 또한 그 영향을 받아 평화로운 상태가 된다는 말입니다.

저 개인적으로는 명상을 수행한 뒤에는 어떤 일에도 짜증을 느끼거나 부정적인 영향을 받지 않는 경험을 했습니다. 저는 명상을 통해 마음을 달래주는 에너지의 흐름, 신과 깊이 연결되어 있음을 느끼는 그 에너지의 흐름에 접속하는 느낌을 받습니다.

• 바로 앞 장에서 원망으로 당신의 목적과 멀어졌던 경험을 떠올려봤는
  데요. 그때의 상황을 다시 한번 들여다봅시다. 앞으로 이와 비슷한 상
  황을 마주한다면 어떻게 반응할 수 있을까요?

....

....

....

....

....

• 부정적인 마음을 향한 당신의 강력한 방패막이는 무엇인가요?

....

....

....

....

....

....

타인의
생각은

타인의
것이다

다른 이들이 당신을 함부로 판단할 수 없는 것과 마찬가지로 당신 또한 타인을 판단할 특권이 없습니다.

당신과는 다른 사람들에게 당신이 생각하는 옳은 행동을 기대하지 마세요. 타인이 당신의 바람대로 행동하는 일은 없을 겁니다. 기대치를 버리고 타인에게 이름표를 붙이는 행동을 멈출 때, 그리하여 그저 관찰자가 될 때 내적 평화를 경험할 수 있습니다.

이 세상이 그리고 그 안에서 살아가는 사람들이 당신의 생각대로 되길 바라는 것은 당신의 에고일 뿐입니다. 당신 안의 높은 자아는 평화 외에는 아무것도 바라지 않습니다. 높은 자아는 에고가 바라는 세상이 아니라 있는 그대로 세상을 봅니다.

- 타인을 함부로 판단한 적이 있나요? 에고에 이끌려 타인에게 기대한 적이 있나요? 그때의 사건을 적어보세요.

....

....

....

....

....

- 위와 반대로, 타인의 성향을 받아들이고 존중해준 경험이 있나요?

....

....

....

....

....

"위대함의 본질은

다른 이들이 광기를 선택하는 환경에서도

개인의 성취를 선택하는

능력에 있습니다."

_빅터 프랭클Viktor Frankle, 심리학자

Chapter
06

연결

link

"지구에는 이쪽저쪽을
나눌 기준점이 없습니다."

-

There can be no sides on a round planet.

사랑의 보편적인 힘은 누구에게나 언제든 존재합니다. 당신이 누구인지, 어디에 있든지, 어떤 삶을 살고 있든지 상관없습니다. 우리는 모두 성스러운 존재입니다. 성스럽고 완벽한 우주의 일부죠.

이런 사실을 마음속에 간직하면 실제로 인생에서 극적인 변화가 일어납니다. 물론 늘 좋은 쪽으로 가리라고 장담할 순 없어요. 제가 아는 건 그저 문제에서 사랑의 길을 발견하려고 애쓴 사람들은 더 이상 그 문제를 가지고 있지 않다는 겁니다.

우주에는 관계라는 흐름도 존재합니다. 이건 사랑에 관한 것이기도 합니다. 여기서 우리는 힘을 나눠 주는 존재이지, 힘을 끌어 모으는 존재가 아닙니다.

관계는 진정한 윈윈 전략입니다. 자신이 한 일이 다른 누군가의 삶에 영향을 미치고, 그 사람이 다른 사람에게 그에 대해 이야기하고…. 이런 식으로 끝없이 이어집니다. 이렇게 우리는 하나로 연결돼 있습니다.

옆에 어떤 사람이 있나요?
좋은 관계를 맺고 있나요?
어떤 사람과 함께하고 싶나요?

스스로에게 차분히 물어보세요.

Day
31

너와 내가 ⋮

하나 될
용기

어떤 일 때문에 또는 누군가로 인해 적대감, 억울함, 괴로움, 고통을 느끼고 있나요? 만일 그렇다면 이런 부정적인 감정으로는 결코 그 일에서, 그 사람에게서 자유로워질 수 없다는 사실을 알려주고 싶습니다.

용서는 세상에서 가장 위대한 동기요인입니다. 어떤 일 때문에, 누군가로 인해 고통스럽거나 괴로운 감정에 매몰되어 있다면 그만 놓아주어야 합니다.

우리는 모두 하나이고, 모두 이 땅에 살고 있다는 사실을 자각할 때 나와 타인을 가로막았던 장벽이 무너집니다. 우리의 근원이 하나이고, 우리가 하나이며, 모든 인류가 하나라는 사실을, 모두가 인류라는 거대한 몸을 구성하는 세포라는 사실을 보기 위해서는 한 걸음 물러나야 합니다.

마치 미술관에서 큰 그림을 보기 위해 한 발 뒤로 물러나는 것처럼요.

당신과 타인을 갈라놓은 장벽에서 이제 그만 시선을 거두면 어떨까요? 장벽의 경계가 흐려지면 사람들이 당신과 어떤 점이 다른지가 아니라 어떤 점에서 연결되어 있는지를 볼 수 있지 않을까요? 다름을 찾으려 하지 말고 타인에게 닿으려고 노력해보세요. 모두가 어떤 면에서 연결되어 있다고 느낄 때 벽을 세우는 것이 아니라 다리를 놓을 자유가 생깁니다.

이 주제에 대해 한번 생각해보고 다음 페이지에 당신의 감정을 표현해보세요.

• 타인과 당신, 자연과 당신 그리고 당신을 둘러싼 모든 것이 연결되었다고 느끼나요? 혹은 그런 경험을 한 적이 있나요? 경험과 느낌을 아래에 적어보세요.

....

....

....

....

....

• '하나'와 '연결'에 관해 떠오르는 생각을 적어보세요.

....

....

....

....

....

....

"우리는 모두 같은 하늘 아래서

같은 땅을 걸으며

지금 이 순간에

함께 살아 있습니다."

_맥신 홍 킹스턴Maxine Hong Kingston, 소설가

용서도　∶

연습해야
한다

용서하는 법을 배우고 연습하고 능숙해져야 합니다. 용서
란 삶에서 부정적인 에너지를 몰아내는 가장 큰 치유 행위
입니다.

용서를 연습해야 하는 두 가지 이유가 있습니다. 하나
는 다른 이들에게 당신이 더는 적대감을 품고 있지 않음을
알려주기 위함이죠.

다른 하나는 원망이라는 자기 파멸적 에너지에서 벗어
나기 위함입니다. 원망은 독사에게 물린 뒤 한참 지나 퍼
지는 독처럼 당신의 세계를 계속해서 물들여가는 독약과
도 같습니다. 물렸기 때문에 사망에 이르는 것이 아니라
독이 당신을 사망하게 하는 겁니다.

원망을 내려놓기로 하면 그 독을 없앨 수 있습니다. 당

신에게 해를 가한 사람들에게 어떤 형태로든 사랑을 전하세요. 그런 뒤 기분이 얼마나 가벼워졌는지, 얼마나 평화로워졌는지 느껴보세요.

이는 자신에게도 해당하는 이야기입니다. 자기 자신을 용서하는 것이 얼마나 중요한지는 아무리 말해도 지나치지 않습니다. 과거의 행동으로 인한 수치심을 계속 짊어지고 있다면 자신의 육체는 물론 정신까지 망가뜨리고 있는 겁니다. 마찬가지로 상대를 변화시키기 위해 수치심이나 굴욕과 같은 감정을 활용한다면 한 인간을 나약하게 만들고 있는 겁니다. 그의 머릿속에서 수치스럽고 굴욕적인 생각이 사라지지 않는 한 그는 자존감을 회복할 수 없을 겁니다.

수치심에 관한 생각을 지우기 위해서는 놓아주고, 과거의 일은 당신에게 필요했던 교훈을 얻은 계기로 생각하고, 기도와 명상을 통해 당신의 근원과 다시 교감하려는 의지를 발휘해야 합니다.

• 용서에 대해 한 문장으로 정의해보세요.

예시

용서란 내 마음에서 상대방의 방을 빼는 일이다.

용서란 ....이다.

• 타인을, 더욱 중요하게는 자신을 용서하려면 무엇이 필요할까요? 생각을 적어보세요.

....

....

....

....

....

....

당신은 ⋮

어떤 사람이고
싶은가요?

이 세상에서 당신은 어떤 사람으로 인식되고 싶습니까?
혹시 어떻게 보이든 신경 안 쓴다고 말하는 사람이 있다면
그 사람은 진실하지 못하거나 주변을 보지 않으려고 안대
를 쓰고 있는 겁니다. 당연히 신경이 쓰이지요. 그게 정상
입니다.

당신이 세상에 어떤 사람으로 보이는지가 생계와 직결
된 경우도 있습니다. 그렇기에 우리는 다른 사람에게 즐거
움과 재미를 주고, 친근하고, 애정 넘치고, 도와주고, 걱정
하고, 돌봐주고, 사려 깊은 태도로 관계를 맺어야 합니다.
관계 속에서 이런 감정을 주고받으며 서로 연결되어 있다
는 느낌을 받고 싶은 것이 모든 인간의 본능입니다.

그러면 다시 한번 질문하겠습니다. 당신은 이 세상에서

어떤 사람으로 인식되고 싶은가요? 사실 답은 아주 간단합니다.

'정직한 사람이고 싶다.'

우리는 우리가 생각하는 자신과 세상에 보여주는 자신이 일치하기를 바라죠. 그러기 위해서는 에너지를 재정비해 이상적인 자아와 현실적인 자아, 즉 당신 자신과 사람들이 보는 자아 사이의 균형을 맞춰야 합니다.

• 당신은 사람들에게 어떤 사람으로 보이고 싶은가요?

예시

나는 상대방에게 웃음을 주는 사람이고 싶다.

나는 .... 싶다.

• 위와 같은 사람은 어떤 성향을 가지고 있나요?

예시

웃음을 주는 사람은 매일 밝은 미소를 짓고 있다.

"잘못을 바로잡는 방법은
잘못된 일에 진실의 빛을 비추는 것입니다."

_아이다 웰스Ida Wells, 흑인 여성 운동가

이번 주 ：

당신의
즐거움

우주는 본질을 비추는 거대한 거울입니다. 당신이 평온하면 우주도 평온하고, 당신이 불행하면 우주도 불행에 빠집니다.

당신은 행복한 에너지를 전달하는 사람인가요? 아니면 '편안하게 생각해', '진정해', '너무 흥분하지 마' 이런 이야기를 자주 듣는 사람인가요?

혹시 어떻게든 화를 낼 기회만 찾고 있나요? 화를 내느라 시간과 에너지를 너무 많이 쏟고 있진 않나요? 무례한 낯선 이를 보고, 이상한 차림새를 보고, 욕이나 재채기를 하는 사람을 보고, 하늘에 먹구름이 가득해서, 구름이 어째서 저째서, 어쩌면 구름 한 점 없어서 등 화를 낼 이유는 너무도 많을 겁니다.

분노가 아닌 즐거움으로 세상에 응답하는 습관을 기르세요. 새로운 시각을 수용하는 데 도움이 될 만한 몇 가지 방법이 있습니다. 아래의 내용을 일상에 적용해보는 건 어떨까요?

- 어느 곳에서나 즐거움을 찾기로 합니다.
- 어떤 대상을 두고도 긍정적인 이야기를 합니다.
- 유쾌한 태도로 타인을 대합니다.
- 세상에 대한 부정적인 이야기보다는 감사함에 대해 말합니다.
- 모든 일을 즐겁게 살 기회로, 즐거움을 퍼뜨릴 기회로 삼습니다.

- 이번 주에는 무엇에서 즐거움을 느꼈나요? 세 가지만 적어보세요.

1
_____

2
_____

3
_____

- 이번 주 당신은 즐거움을 어떻게 전파할 수 있을까요? 오늘 또는 지금 당장은 무엇을 할 수 있을까요?

_____

_____

_____

_____

_____

_____

_____

_____

"행복해지는 가장 중요한 열쇠는
자신이 하는 일과 사랑에 빠지는 것입니다.
그리고 나서 그 사랑을 전파하세요.
우리의 열정을, 흥분을, 기쁨을, 충족감을
전파해야 합니다.
이것이 우리가 해야 할 일입니다."

_웨인 다이어

Chapter
07

순간

moment

"타인에게 친절한 것보다

내 생각이 옳은 게 중요한가?"

-

Would you rather be right than kind?

미래나 과거를 삶의 목적으로 삼고 살 수 없습니다. 지금 이 순간을 목적으로 삼고 살아야만 합니다. 사실 우리 머릿속에 정말 담고 있어야 할 개념, 에고에 휘둘리는 사고방식에서 벗어나게 해줄 개념은 바로 '현재'라는 것입니다. 현대의 사람들은 '지금'을 잘 살지 못합니다. 심지어 그 의미조차 모르고 있는 듯 보입니다. 아마도 수많은 책임감과 규칙을 따라야 한다는 생각에 짓눌려 있기 때문이겠죠. 이런 것들도 삶을 이루는 요소지만 우리를 열정으로 채워주지는 않습니다.

지금 이 순간에 충실하면 지금을 즐길 수 있도록 자신을 열게 됩니다. 해야 하는 일들로 압박을 받으며 즐거움과 기쁨을 나중으로 미루는 게 아니라요.

우리에게 삶의 목적의식을 제공하는 것은 내적 동기입니다. 내가 나를 어떻게 느끼는지, 내가 어떤 사람인지, 내가 얼마나 성장하고 세상을 얼마나 경험했는지 하는 것들 말입니다. 이런 일들이 중심이 되면 더 이상 인생의 사명을 찾아 헤매지 않게 됩니다.

당신 ⋮
말이

맞는 것
같아요

대다수 사람은 자신이 옳은 게 더 중요합니다. 그러니 상대가 부적절한 말을 한다고 생각되면 너무 깊이 받아들이지 말고 적당히 친절하게 대응하세요.

상대가 계속 틀린 소리만 해도 당신의 의견이 옳다는 것을 강조하기보다 "당신 말이 맞는 것 같아요"라고 부드럽게 대꾸하세요. 설마 사실이 아닐지라도요. 그러면 갈등이 벌어질 상황이 해소되고 감정이 상할 일도, 상대를 함부로 판단하는 일도 없어집니다.

당신이 바라는 것은 자신이 옳은 것도, 상처를 받는 것도, 화가 나거나 원망이 생기는 것도 아닌 평화라는 걸 잊지 말아야 합니다. 당신의 신념에 확신이 있다면 다른 사람들의 신념이나 행동에 마음이 상할 수가 없습니다.

- 상대방과 의견이 일치하지 않거나 갈등이 생겼을 때 어떻게 대처하나요?

....

....

....

....

....

....

- 인간관계에서 궁극적으로 바라는 가치는 무엇인가요?

....

....

....

....

....

....

지금, :

여기에
머무는 것

현재에 머무는 것의 중요성에 대해 다시 이야기하고자 합
니다. 제가 사랑하는 친구 람 다스Ram Dass의 말처럼 '지금
이 순간에 머무는 것Be Here Now' 말입니다.

현재의 순간을 충만하게 살아가고자 하는 의지와 능력
이 없는 이들이 너무도 많습니다. 행동을 달리하려고 노력
해보세요. 예를 들면 애피타이저를 먹을 때 디저트를 생각
하지 않는 겁니다. 책을 읽을 때는 당신의 생각을 의식해
보세요. 휴가 때는 처리했어야 할 일들, 집에 돌아간 후 해
야 할 일들을 떠올리지 말고 그저 휴가를 즐기는 겁니다.
포착하기 어려운 지금 이 순간을 관련 없는 생각으로 낭비
하지 말아야 합니다.

마음을 다른 시간으로, 다른 장소로 흘러가게 두는 습

관에는 한 가지 모순이 있습니다. 사실 마음은 현재 외에는 다른 곳으로 갈 수가 없거든요. 당신에게는 주어진 것은 현재뿐이니까요. 따라서 과거와 미래를 떠도는 것은 현재의 순간만 낭비하는 일이라고 볼 수 있죠.

물론 당신에게는 과거가 있지만 그건 현재가 아닙니다. 당신에게 미래가 있지만 그 역시 지금 이 순간이 아닙니다. 당신의 현재를 '그때', '어쩌면' 같은 생각으로 낭비할 수 있지만 그랬다가는 지금 이 순간에 경험할 수 있는 내적 평화와 성공을 놓치고 맙니다.

- 현대인들은 늘 스마트폰으로 무언가를 검색하고 확인합니다. 그러다 보면 아름다운 순간은 순식간에 지나가곤 합니다. 일주일에 딱 반나절만 스마트폰을 쳐다보지 않는 연습을 해보세요. 무엇이 보이나요?

....

....

....

....

....

- 지금 눈앞에 있는 행복은 무엇인가요? 가장 행복하다고 느끼는 순간을 떠올려보세요.

....

....

....

....

....

....

"명심하세요. 중요한 시간은 단 하나뿐,

바로 지금입니다.

지금이 가장 중요한 시간인 이유는

우리가 힘을 발휘할 수 있는

유일한 시간이기 때문입니다."

_레프 톨스토이Lev Tolstoy, 소설가

Day 37

현재와의
관계성

당신과 현재의 관계가 당신과 삶의 관계를 결정합니다. 이제 여기서 이야기하는 것들을 실천하려고 노력한다면 현재의 순간에 대한 인식을 높일 수 있을 겁니다.

첫째, 누군가 삶에 정서적 소란을 일으킬 때 당신의 반응을 인식해보세요. 그 순간 어떤 생각이 들었나요? 당신의 생각은 당신을 어디로 데려가고 있나요? 지금 드는 생각은 아마도 과거나 미래의 투사라는 것을 깨달을 겁니다. 그렇다면 현재로 의식을 되돌려야 합니다.

불편한 정보를 듣는 동안 '조금 후에 나는 어떤 기분을 느낄까?' 또는 '예전에 나는 어떤 기분을 느꼈었나?'가 아니라 '지금 내가 어떤 기분을 느끼고 있는가?'라고 가만히 질문해보세요. 불편함을 느끼는 순간, 자기 자신을 조심스럽게 일깨우며 지금 현재로 의식을 되돌리는 겁니다. 현재로 돌아오며 서서히 불쾌함이 사라지는 것을 바라보세요.

자기 자신을 지금, 여기로 데려오는 연습을 계속하면서 이것이 당신과 당신 삶의 관계성이라는 점을 기억하세요. 현재의 순간을 받아들이고, 시간에 영향을 받지 않는 지금 이 순간의 온전함을 느껴보세요.

둘째, 혼자서 고요해지는 시간을 일상 루틴으로 만드세요. 바로 오늘부터 어떤 식이든 당신에게 잘 맞는 수행 방법을 찾아 실행하는 겁니다. 수행할수록 생각을 현재에 집중시키는 게 점차 익숙해질 겁니다. 온전히 이 순간에 몰입하고 만물이 하나가 됨을 경험해보세요.

셋째, 이 문장을 반복해서 말해보세요. '나는 지금 이 순간에 온전히 머물기로 선택한다.' 5분간 마음속으로 이 문장을 반복해서 말할 때 현재를 사는 것이 얼마나 중요한 일인지 다시금 되새길 수 있습니다. 반복이 중요합니다! 꾸준히 연습하다 보면 결국 이것이 당신의 존재 방식으로 자리 잡을 겁니다.

넷째, 현재에 온전히 머무르세요. 매초, 매분, 매시간을 사는 겁니다. 당신의 하루하루는 무한한 가치를 지닌 순간들로 이뤄져 있습니다. 현재를 사는 것이 목적 그리고 근원과 일치하는 삶을 사는 방법입니다.

• 아래 문장을 다섯 번 반복해서 적어보세요.

| 나는 지금 이 순간에 온전히 머물기로 선택한다.

....

....

....

....

....

....

| 현재에 사는 것이 나로 사는 것이다.

....

....

....

....

....

쓸데없는
걱정은

사양할게요

지금 이 순간에 머물기 위해 과거와 미래를 떠도는 마음을
붙잡아보세요. 만일 기분이 언짢아졌다면 스스로 이렇게
질문해보세요.

'현재의 순간을, 더없이 귀중한
내 삶의 자산을 이렇게 쓰고 싶은가?'

이 질문을 하면 비단 몸만이 아니라 생각도 지금 이 순
간에 머물러야 한다는 사실을 알 수 있습니다. 현재의 순
간을 당신의 근원이 주는 경이로운 선물로 여기길 바랍니
다. 과거 자신의 모습이나 당신에게 해를 입힌 누군가나
미래에 대한 걱정 등으로 현재의 순간을 보내는 건 귀중한

선물을 내미는 자신에게 '사양할게요'라고 말하는 것과 같습니다. 현재의 순간이 얼마나 귀중한지 기억해야 합니다.

'지금이 나에게 주어진 유일한 순간이다.'

현재와 가깝게 지내기 위해 제가 자신에게 자주 하는 말입니다. 가만히 생각해보세요. 지금이 당신에게 주어진 유일한 순간입니다. 그 대단한 의미를 깨닫고 나면 현재 어떤 상황이든 지금 이 순간에 대한 경외심과 감사한 마음을 느낄 겁니다.

저는 요가를 할 때, 특히 잘 안 되는 어려운 자세를 할 때 더욱 현재에 머물려고 합니다. 한 발로 균형을 잡고 두 손으로 다른 발바닥을 감싼 채 쭉 뻗는 힘든 자세를 할 때는 나지막이 이렇게 말합니다. "지금 이 순간에 머무는 거야, 웨인. 현재의 순간에 머무는 데만 집중해." 이 말이 큰 도움이 될 수 있습니다. 한번 해보세요.

"내 소중한 현재의 순간을
내 근원인 사랑과 평화에서 멀어지는 데
조금이라도 사용하지 않겠다."

현재를 어떻게 하면 더욱 긍정적으로 쓸 수 있을지 자신만의 확언을 만들어보세요.

- 이제 자신만의 확언을 만들 때가 됐습니다. 떠올리면 기분이 좋아지는 한 문장, 뭐든지 할 수 있을 것만 같은 문장을 적어보세요.

예시

나는 매 순간 내가 선택한 삶을 살겠습니다.

- 위에 적은 확언을 다섯 번 반복해서 적어보세요.

"당신에게 정말로 필요한 것은

내면 깊숙한 곳에 웅크린 채

자신의 모습을 드러낼 수 있기만을 기다리고 있습니다.

당신은 그저 고요히 머물며

천천히 당신 안에 있는 것을 찾기만 하면 됩니다."

_에일린 캐디Eileen Caddy, 영성 지도자

영원은 ⋮

순간들로
이뤄져 있다

과거도, 미래도 아닌 지금 이 순간에 머물면서 당신이 누릴 수 있는 것들을 한껏 누려보세요.

아침이면 저는 아이들 방으로 가서 우렁찬 목소리로 이렇게 말하곤 했습니다. .

"와, 정말 멋진 아침이야! 얼마나 아름다운 날인지!"

그러고는 또 이렇게 말했죠.

"오늘은 너희들 삶의 유일한 하루란다. 과거도, 미래도 없고 오늘만 있는 거야. 오늘 하루를 만끽하렴."

아이들은 아빠가 이상한 말을 한다며 투덜거렸지만 저는 아이들이 에밀리 디킨슨Emily Dickinson의 메시지를 이해하길 바랐습니다. 자연과 사랑을 노래한 시인이었던 그녀는 고심 끝에 아주 짧은 문장으로 이렇게 말했죠.

"영원은 순간들로 이뤄져 있다."

단순하지만 무척이나 심오한 이 메시지를 아이들이 이해하길 바랐습니다. 그리고 그 메시지대로 충만하게 살길 바랐습니다.

"애들아, 지금의 순간을 벗어날 수 없어. 오늘 하루를, 지금 이 순간을 즐겨야 한단다. '나는 수학을 잘 못해', '나는 농구를 잘 못해', '나는 인기가 없어' 같은 말로 오늘 하루 수학을 열심히 하지 않거나, 운동하지 않는 핑계를 대거나, 스스로 겁 많은 아이라고 이름표를 붙여선 안 된단다. 왜냐하면 그런 이름표는 전부 과거에 있었던 일 때문에 생긴 거거든. 그러니 과거는 모두 지우고 오늘 하루를 네가 원하는 대로 채울 수 있는 빈 도화지라고 생각하렴."

제가 좋아하는 속담이 있습니다. 오늘 이야기한 주제의 본질을 아름답게 담아낸 속담이죠. '나무를 심기 가장 좋은 때는 20년 전이다. 두 번째로 좋은 때는 바로 지금이다.'

기회를 놓친 것 같다는 생각이 들 수 있지만 당신에게는 언제든 시작할 수 있는 선택권이 있습니다. 바로 지금이죠!

• 지금껏 미뤄왔던 일은 무엇인가요? 마음속 깊은 곳에서 이제 때가 되었다는 느낌이 드는 일은 무엇인가요?

....

....

....

....

....

....

• 그 일을 하기 위해서는 무엇부터 시작해야 할까요?

....

....

....

....

....

....

위험을 ⠸
감수하는 것에

대하여

진정으로 원하는 삶을 살려면 위험을 감수해야 합니다. 사
람들이 당신의 선택을 이해하지 못하더라도 스스로 확신
한다면 당신의 마음이 가장 중요합니다. 물론 그들도 당신
을 걱정하는 것이겠지만 당신 내면의 소리를 듣지 못하는
타인은 당신에게 무엇이 옳은지 알 수가 없습니다.

저는 살아오며 수차례 위험을 감수했습니다. 특히 제
일과 직업을 걸고 모험을 감행했던 적이 많습니다. 제가
1976년 《행복한 이기주의자》를 집필한 후 어떤 일이 있었
는지 잠깐 들려드릴게요.

그때만 해도 그 책은 베스트셀러에 오르지 못했고 저
는 세인트존스대학교에서 교수로 일하고 있었습니다. 어
느 날 롱아일랜드 고속도로를 운전하던 중 불현듯 어떤 깨

달음이 찾아왔고 저는 눈물을 쏟으며 갓길에 차를 세웠죠. 그때 저는 넘치는 사랑으로 인도하는 신성한 힘이 저를 감싸고 있다는 느낌을 강하게 받았습니다. 그리고 제가 해야 할 일이 무엇인지 깨달았죠.

천천히 다시 고속도로에 올라 대학교로 돌아가서는 잔뜩 들뜬 얼굴로 학과장님께 교수직을 사임하겠다고 말씀드렸습니다. 그러자 학과장님은 지금처럼 불안정한 시기에 너무 위험한 선택이고, 교수로서 누렸던 혜택과 안정을 모두 잃을 거라고 말했습니다. 하지만 저는 제 미래를 마치 현재의 일처럼 이미 또렷하게 본 후였습니다.

흥분에 휩싸여 책상을 정리하고, 학생들의 최종 성적을 입력한 후 몇 블록 떨어진 곳에 있는 저만의 안식처로 향했습니다. 대학 교수로서의 마지막 30분을 바위에 앉아 새소리와 나뭇가지를 흔드는 바람 소리를 들으며 보냈습니다. 저는 경외감에 사로잡혀 있었습니다. 제게 다가와 선명한 깨달음을 준 무언가에게 감사 인사를 전했지요. 서른여섯 살의 나이에 처음으로 어딘가에 소속되지 않고 가능성에 몸을 맡긴 상태가 되었던 겁니다.

당시만 해도 《행복한 이기주의자》를 시작으로 수십 년간 수십 권의 책을 쓰게 될 줄도, 전 세계 수백만 명의 사람들의 삶에 영향을 끼치게 될 줄 전혀 몰랐습니다. 다만 신성한 정신, 대도大道, 신 등 어떤 이름으로 부르든 그 무언가가 제 목적을 온전히 이해하고 있고 유명한 대학의 교수직이라는 울타리 내에서는 그 목적을 다할 수 없다는 것을 확신했습니다.

그렇게 1976년 6월의 어느 날 뭐라 정의하기 어려운 무언가가 제 삶에 나타나 편치 않은 변화를 선택하도록 저를 이끌었습니다. 그 후로 몇 차례 이런 경험이 더 있었습니다. 특히 제가 어떤 방향으로 나아가려던 순간마다 그랬습니다. 전 이런 계시의 순간을 믿고 의지할 뿐 아니라 제 삶에서 적극적으로 구하려고 합니다. 삶의 목적이 무엇인지 확신할수록, 이렇듯 선명하고 벅차오르는 에너지에 더 자주 교감할 수 있었습니다.

제가 단숨에 베스트셀러 작가가 되었다고 생각하는 사람들이 많은 것 같아 이 이야기를 굳이 꺼냈습니다. 사실 굉장한 시간과 노력이 드는 일이었습니다. 하지만 사람들이 뭐라고 하든, 어떻게 생각하든 제 내면의 부름을 듣고 제게 주어진 음악을 연주해야만 했습니다.

당신도 마찬가지입니다. 당신의 높은 자아가 목적 있는 삶으로 이끌고 있습니다. 그리고 당신에게는 어떤 위험도 감수할 힘이 있습니다. 당신도 할 수 있습니다!

• 삶을 뒤흔드는 도전을 했던 적이 있나요? 혹은 위험을 감수하더라도 진짜 원하는 길을 가본 적이 있나요? 내 삶의 위험과 도전에 대해 적어봅시다.

행복의 ⋮
유전자를

전수하는 법

목적을 따르는 삶을 가로막는 장애물은 무엇인가요? 자녀
를 키우는 부모라면 자신을 우선시하기가 망설여질 수 있
습니다. 하지만 저와 제 아내는 아이들을 키우며 꼭 지키
려고 했던 한 가지 원칙이 있어요. 부모는 아이들이 누군
가를 의지할 필요가 없는 사람이 되도록 도와야 한다는 원
칙이죠. 우리 부부는 아이들이 자립적이고 성공적이며 평
화로운 어른으로 자라길 바랐고, 정말 그렇게 되었습니다.

아이들은 부모가 행복하고 삶에 충실한 모습에 긍정적
으로 반응합니다. 당신을 진심으로 사랑하는 사람이라면
무엇보다 당신이 행복한 삶을 누리길 바랄 겁니다. 다른
사람이 어떻게 생각할지, 뭐라고 말할지 걱정하지 마세요.

• 만약 자녀가 있다면, 자녀가 어떤 사람이 되길 바라나요? (자녀가 없더라도 한번 상상해보세요.)

• 그렇게 되려면 어떤 기준을 가지고 자녀를 양육해야 할까요?(혹은 지금 그렇게 자신에게 대하고 있나요?)

"싸움은 항상 내부에서 시작해 외부로 발현됩니다.

현 상황을 인지하는 것이 내면의 변화보다,

사회의 변화보다 먼저 이뤄져야 합니다.

우리의 머릿속 이미지로 먼저 떠오르지 않고

'진짜' 세계에서 벌어지는 일이란 없습니다."

_글로리아 안살두아Gloria Anzaldúa, 페미니스트

아주 작게
생각하기

'나에게는 너무 엄청난 일이야'라는 핑계는 원하는 삶을
살지 못하도록 사람들을 마비시킵니다. 흔히 성공한 사람
들은 크게 생각했기에 성공했을 거라고 생각하기 쉽지만
사실 성공하려면 작게 생각해야 합니다. '원하는 삶'이라
는 커다란 주제를 작게 세분화하면 차근히 공략해나갈 능
력을 키울 수 있습니다.

오늘 대단한 일을 달성할 수는 없지만 첫발은 뗄 수 있
습니다. 오늘 박사 학위를 받을 수는 없지만 다음 주에 시
작하는 박사 과정에 등록할 순 있습니다. 박사 학위라는
원대한 목표를 위해 오늘 할 수 있는 일이죠. 작게 생각해
서 지금 이 순간 당신이 할 수 있는 것을 하나씩 성취해나
가세요.

이런 접근은 모든 일에 적용할 수 있습니다. 술이나 담배를 끊고 싶다면 단번에 뭔가를 해서 10년 동안 효과를 보겠다고 생각하면 안 됩니다. 하지만 오늘, 아니 좀 더 작게는 지금 술 한 잔을 마시지 않겠다고 다짐할 수 있죠. 이건 할 수 있는 일입니다.

작은 것부터 생각하는 것은 익숙한 사고 습관을 전환하는 방법입니다. 현재만 생각하고 행동하며 참된 삶을 살 수 있는 유일한 방법은 바로 1분, 한 시간, 하루를 사는 것입니다.

• 지금 당신이 성취하고 싶은 것을 한 가지 정하세요. 삶의 목적과 연관
된 것이어도 좋지만 그 목적이 너무 크게 느껴진다면 그와 무관한 다
른 목표를 선택해도 좋습니다. 이제 1분, 한 시간, 하루 동안 당신이
성취할 수 있는 것이 무엇일지 생각해보세요.

1 나의 목표는

.... 이다.

2 나의 목표를 위해

오늘부터 ....를 할 것이다.

....

....

....

세상은 ⋮
결국

나를 도울
것이다

무언가를 시작할 때 누구에게도 도움을 받을 수 없을 것
같아서, 도저히 혼자서는 할 수 없을 것 같아서 두려웠던
적이 있나요?

무엇을 하려고 하든 세상에는 당신을 도와주려고 나서
는 사람들로 가득합니다. 하지만 아무도 도와주지 않을 거
라는 잘못된 생각을 하고 있을 때는 정말 그 생각과 같은
현실이 벌어지고 말죠.

생각이 변화하기 시작할 때 당신에게 도움의 손길이 찾
아오는 것을 경험할 겁니다. 하지만 무엇보다 생각부터 달
라져야 합니다. 새로운 믿음으로 잘못된 믿음을 대체해야
합니다. 이제 이렇게 믿어보세요.

'나는 도움을 받을 곳이 있다.'

저는 헬렌 슈크만의 《기적 수업》에 나온 구절을 자주 반복합니다. "당신이 선택한 길을 걸을 때 그 곁을 누군가 항상 지키고 있음을 안다면 다시는 두렵거나 의심하지 않을 것이다." 이 문장은 제 인생의 목적을 떠올리게 해주고 제가 결코 혼자가 아니라는 사실을 상기시킵니다.

저는 필요한 것은 모두 제게 올 거라고 확신합니다. 한 치의 의심도 없는 이 확신을 떠올리며 저 자신을 고무하죠. 도움은 어디서나 옵니다. 마침 필요한 돈이 어디선가 생기고, 꼭 필요한 사람들이 나타나고, 예상치 못하게 제게 도움이 되는 방향으로 상황이 흘러가죠. 마치 거대한 힘이 동시다발적으로 나타나 굉장한 조화로 제 혼을 쏙 빼놓는 것처럼요! 어떤 상황에서도 의심할 수 없는 힘이 저를 떠받치고 있습니다.

믿음을 뒷받침해주고 지켜주는 확언으로 자신에게 용기를 주세요. 그렇게 하면 당신 곁에 항상 존재하는 신성한 에너지에 주파수를 맞출 수 있습니다.

• 도움을 요청하면 선뜻 도와줄 사람이 있나요? 세 사람을 적어봅시다. 지금 당장 누군가가 떠오르지 않아도 괜찮습니다. 필요할 때 좋은 사람이 나타나리라는 믿음, 그것 하나로 모든 일이 이뤄질 수 있습니다. 그 믿음에 대해 적어봅시다.

예시

나의 요청을 기쁘게 들어줄 사람은 나의 부모님이다.

1 나의 요청을 기쁘게 들어줄 사람은 ....다.

2 나의 요청을 기쁘게 들어줄 사람은 ....다.

3 나의 요청을 기쁘게 들어줄 사람은 ....다.

"내게는 혼자서도 충분히 해낼 능력이 있습니다.
그러나 나를 도와줄 사람들이 필요할 때
그들이 반드시 나타나리라는 걸 압니다.
이 세상은 나를 도와주려는 사람들로 가득합니다."

_웨인 다이어

'힘들어'라는 ⋮

학습된
반응

우리의 몸은 생각대로 움직입니다. 하루하루 살다 보면 가끔 체력이 부족하다는 느낌이 들 때가 있습니다. 하지만 '힘이 없다'라는 생각은 학습된 반응이라는 사실을 알아야 합니다. 삶에서 대단한 변화를 만들고자 할 때는 너무도 벅차게 느껴지기에 피곤함이라는 핑계를 들어 익숙하고도 편안한 행동 습관에 빠지고 맙니다.

언젠가 당신은 삶의 목적을 발견하고는 굉장히 뿌듯했던 적이 있었을 겁니다. '나는 치유하는 사람이 될 거야!' 그러기 위해 뭘 해야 할지도 생각했겠죠. '이 학교에 들어가서 기술을 배우면 그 일을 할 수 있어!' 하지만 막상 학교에 들어갈 때가 되면 이런 생각이 들죠. '지금 회사 일이 너무 바빠서 아이들을 키우면서 학교까지 다닐 힘이 없어.'

힘이 없는 건 대체로 몸의 문제가 아닙니다. 아주 오랫동안 이어진 익숙한 사고 패턴이죠. 당신은 사고방식을 바꿔서 새로운 단계의 성장, 행복, 건강으로 나아갈 힘이 있습니다. 더욱 충만하고 활기차게 사고하는 법을 연습한다면 열정을 더 뜨겁게 달구어 목적으로 가득한 에너지 넘치는 삶을 살 수 있습니다.

저는 '피곤해'라는 말을 하면 할수록 힘이 빠져나가는 경험을 했습니다. 신체적으로 그럴 만한 이유가 전혀 없는데도요. 어느 날 아침, 친구가 전화로 너무 피곤해서 주말에 예약해놓은 명상 수련회에 도저히 갈 수 없다고 했는데 힘이 쭉 빠지는 걸 느꼈습니다. 그때부터 저는 앞으로 피곤하다는 핑계를 대지 않겠다고 결심했습니다.

다른 사람들에게 그리고 저 자신에게도 지금 얼마나 피곤한지 말하지 않기로 약속하자 제 머릿속에 무한한 에너지로 충만한 제 모습이 그려졌습니다. 제 라이프스타일이나 수면 습관을 바꾼 게 아닌 데도 말이지요. 그저 제가 에너지가 충만한 사람이라고 상상한 것뿐이었어요. 피로와의 관계를 새롭게 정립하자 마치 피곤을 느끼지 않는 사람처럼 느껴졌습니다. 이 모든 것이 생각의 전환, 즉 새로운 생각에서 시작되었습니다. 그리고 그 생각은 제 상상에서 피어난 것이었죠.

낮은 에너지, 부정적 에너지가 만들어낸 사고에 더는 빠져들지 마세요. 당신의 생각을 '할 수 없는 일'이 아니라 '만들어내고자 하는 일'에 집중시키세요. 이런 마음가짐을 유지한다면 다시는 에너지가 없다는 변명은 입에 올리고 싶지 않을 겁니다.

- 요즘 피곤한가요? 나이가 들어 기력이 부족하다는 느낌이 드나요?
  진짜 피로인가요, 아니면 상상이 만들어낸 피로인가요?

....

....

....

....

....

- 피곤을 느낄 때 주로 어떻게 회복하나요? 그렇게 하면 에너지가 차오
  르는 느낌이 드나요?

....

....

....

....

....

....

- 스스로를 에너지 넘치는 사람이라고 생각한다면 무엇을 제일 먼저 할
  수 있을까요?

예시

나는 에너지가 충만하기 때문에
매일 아침 10분 팔굽혀펴기를 할 수 있다.

나는 에너지가 충만하기 때문에

.... 할 수 있다.

오늘은　　　⋮

당신이
선택한 결과

오늘 하루는 당신이 선택한 결과입니다. 왜 지금까지 살던 대로 사는지 이유를 물어보면, 대부분 너무 바빠서 그렇다고 합니다. 당신도 꽤 익숙한 이야기일 겁니다.

어떤 일을 하며 무리하고 있다면
그것은 당신의 선택이었습니다.
어떤 일이 시간을 가장 많이 앗아간다면
그것도 당신이 선택한 결과입니다.
가족을 돌보는 일이 문제가 된다면
삶의 우선순위를 그렇게 정했기 때문입니다.
다이어리가 너무 빼곡해서 정신이 없다면
바쁜 일정으로 살기를 선택했던 겁니다.

일일이 당신 손을 거쳐야 하는 일들이 너무 많다면
그 역시 당신의 선택입니다.

삶의 중요한 목적 중 하나는 행복입니다. 그런데 행복
을 좇기에 너무 바쁘다고 핑계 댄다면 당신은 바쁘게 사는
삶을 선택한 것이죠. 행복하게 사는 대신 바쁘게 살고만
있다면 당신의 우선순위를 다시 한번 점검해야 합니다.

• 아침부터 저녁까지의 생활을 천천히 되돌아보세요. 사소한 것까지 모두 적어보는 겁니다. 당신은 어떤 생각, 어떤 일들을 하고 있나요?

| 현재의 하루 스케줄

시간	일과	생각
아침		
점심		
저녁		

하루 10분, :
오직

나를 위한
시간

지금 바로 나만의 시간을 만들어보세요. 지금까지의 생활 패턴을 바꾸고자 한다면 바쁘다는 말, 심지어 그런 뉘앙스를 풍기는 말조차도 해서는 안 됩니다. 다른 사람들에게 맡기고, 도움을 받고, 자신만의 시간을 내는 연습을 해보세요.

다음 확언을 반복해서 말해보세요.

"내가 이곳에 온 목적을 다하는 삶을 살기 위해
나만의 시간을 만들 것이고
그 과정에서 부모로서, 배우자로서, 직업인으로서
책임을 등한시하지 않을 것이다."

이 확언을 아래에 여러 번 써보세요.

● 나만의 시간이 확보된 삶이란 어떤 모습일까요? 새로운 삶을 어떻게
  살아갈 것인지 하루 스케줄을 기록해봅시다.

| 내가 원하는 하루 스케줄

시간	일과	생각
아침		
점심		
저녁		

"매 순간이 무언가를 준비할 기회이고
모든 사람이 준비된 운동가이며
매분이 세상을 변화시킬 기회입니다."

_돌로레스 후에르타Dolores Huerta, 인권 운동가

Chapter
08

성공

success

"당신이 온종일 생각하는 것이 바로 당신이 됩니다.
삶의 목적을 좇는 수많은 사람이
깨닫지 못하는 가장 위대한 비밀 중 하나가
바로 이것입니다."

-

We become what we think about all day long
— this is one of the greatest secrets that so many people
are unaware of as they pursue their life's purpose.

우리는 자주 성공과 행복을 묶어 생각합니다. 물론 둘 다 우리가 중요하게 생각하는 개념입니다. 마음에서부터 성공이 시작될 때 인생의 모든 일에서 성공할 수 있습니다. 그리고 가정에서도, 직장에서도 다양한 형태의 성공이 존재합니다.

하지만 성공이란 돈을 많이 벌어야, 아이들을 잘 길러내야만 이룰 수 있는 것이 아닙니다. 좋은 거래를 성사시켜야 성공인 것도 아닙니다. 그 과정의 모든 측면에서 성공해야 합니다. 실은 결과뿐만 아니라 과정에서 고객의 마음을 얻기만 해도 성공입니다.

당장 얻는 것들을 생각하는 게 아니라 깨달음의 여정을 따라가면서 발견한 것들을 즐기는 데서 성공이 찾아옵니다. 그냥 자리에서 일어나 자신이 선택한 방식으로 자기만의 인생을 온전히 살아내면 매일이 기적이 되고 그동안 몸담았던 그 어떤 곳에서보다 훨씬 큰 성공이 찾아옵니다.

마치 현실로
이뤄진 것처럼

행동하기

무엇을 꿈꾸든, 제아무리 원대하고 불가능해 보이는 꿈일
지라도 당신이 되고 싶은 모습이 이미 현실로 이뤄진 것처
럼 행동하세요. 이것은 당신의 꿈이 실현되도록 에너지를
움직이는 강력한 방법입니다.

"꼭 기억하세요.
당신은 당신이 바라는 일을 하며
생계를 꾸릴 수 있고
타인과 세상에 기여하며 살 수 있습니다.
제가 보장합니다."

• 당신이 되고 싶은 모습은 어떤 모습인가요?

예시

날씬한 사람이 되고 싶다.

• 위의 모습처럼 되려면 무엇을 해야 할까요? 되고 싶은 모습은 어떻게
  말하고 행동하나요? 하나씩 실천해봅시다.

예시

날씬한 사람은 매일 빵을 먹지 않는다.
일주일에 두 번만 빵을 먹을 것이다.

'나는'의
마법

'나는^{I am}.' 이 글자야말로 존재의 근원에 가까워질 수 있는 비결입니다. 불꽃이 이는데도 타지 않는 떨기나무로 나타난 신에게 모세가 이름을 묻자 들려온 답이 바로 'I am', 즉 '나는'이었습니다.

확언이 항상 '나는 원한다^{I want}'가 아니라 '나는^{I am}'으로 시작되는 건 이유가 있습니다. '나는 아주 건강합니다', '나는 유일한 존재입니다'처럼 우리가 실현하고자 하는 바를 선언할 때 '나는'이란 단어는 최상위 자아^{highest self}가 이 세상을 움직이는 방법입니다.

반복하다 보면 진정으로 원하는 삶을 살게 되는 몇 가지 확언을 소개합니다. 이 문장들 중 마음에 드는 것을 몇 가지 골라보세요.

• 아래 문장 중 마음에 드는 문장을 골라 아래에 써보세요.

예시

나는 나로 살아갈 자유가 있다.

내가 선택하는 것은 무엇이든 성취할 수 있다.

나는 가치 있고 소중한 사람이다.

나는 건강과 행복, 성공을 얻을 자격이 있다.

나는 규칙보다는 타인을 돕고자 하는 마음을 따른다.

운명을

만들어나가는
법

당신이 되고자 하는 사람처럼 당신 자신을 대할 때 비로소 운명을 만들어나갈 수 있습니다.

한번 용기를 내서 당신이 원하는 자리에 올랐다고 선언해보세요. 새롭고도 활력과 영감이 넘치는 행동을 할 수밖에 없는 환경을 조성하는 것입니다.

예컨대 재정적으로 부족한 삶을 산다면 좋은 것들을 누릴 순 없겠지만 마음만큼은 여유로울 수 있습니다. 사고방식을 바꿔 이미 부를 누리고 있는 것처럼 행동해보세요. 그렇다고 허황된 꿈을 꾸라는 건 아닙니다. 부유한 사람처럼 마음을 너그럽고 여유롭게 가져보라는 겁니다.

직업에서도 이 원칙을 적용해보세요. 당신이 얻고 싶거나 되고 싶은 대상을 떠올려보세요. 아티스트, 뮤지션, 컴

퓨터 프로그래머, 치과의사 등 무엇이든지요. 그리고 머릿속으로 그런 일을 하는 데 필요한 기술을 이미 갖고 있다고 상상해보세요.

이제 머릿속 상상이 현실이 된 것처럼 행동하세요. 만일 아티스트라면 이 생각 덕분에 당신은 그림을 그리고 미술관에 방문하며, 유명한 아티스트들과 대화를 나누고 예술의 세계에 몰입할 겁니다. 즉 당신의 삶 면면에서 아티스트처럼 '행동'하기 시작하는 거죠. 스스로를 막아서던 길에서 비켜나 자신의 운명을 만들어나가는 동시에 영감도 키우는 겁니다.

• 예전에 당신은 '되고 싶은 삶'을 살기 위해 노력한 적이 있을 겁니다. 목표를 끝까지 완수했나요? 중간에 포기했어도 괜찮습니다. 다시 내 운명을 만들기 위해 구체적으로 무엇을 할 수 있을지 적어보세요.

예시

나는 치과의사가 될 운명이다.
명석한 두뇌와 직감으로 환자를 돌보며
경제적 풍요를 이루고 사는 치과의사가 되기 위해서는
지금 준비하는 시험에 합격해야 한다.
매일 10시간씩 공부에 집중하겠다.

나는 .... 될 운명이다.

.... 가 되기 위해서는

.... 해야 한다.

그러므로 .... 하겠다.

"볼 수 있다면

될 수도 있습니다."

_웨인 다이어

나만의   :

비전 보드
만들기

당신이 꿈꾸는 이상적인 삶을 생각하면 어떤 이미지가 떠오르나요? 그 삶을 새 차 한 대로 표현할 수 있다고 가정해봅시다. 당신의 비전과 일치하는 차의 사진을 찾아보세요. 그런 뒤 그 사진을 침실 문에도, 냉장고에도 붙여두는 겁니다. 지금 당신이 모는 차의 대시보드에도요!

　자동차 전시장에 들러 '당신의 비전'인 차에 앉아도 보고 향긋한 새 차 냄새도 느껴보세요. 손으로 좌석을 쓸어보고 핸들도 잡아보고요. 차 주변을 둘러보며 아름다운 모양새를 감상하세요. 시운전을 하며 당신이 고속도로에서 운전하는 모습을 그려보세요. 그렇게 그 차는 결국 당신의 삶에 함께할 겁니다. 어떤 식으로든, 어떻게 해서든 당신의 차가 될 거예요.

꿈을 현실로 만드는 도구로 '비전 보드'라는 것을 들어 봤을 겁니다. 위의 자동차 예시처럼 당신의 목적을 상징하는 이미지를 찾아 보드판에 붙이세요. 그리고 하루에도 몇 번씩 시선이 닿는 곳에 보드판을 걸어두고 당신이 꿈꾸는 삶을 사는 모습을 그려보세요. 그림을 그리거나 사진 또는 글을 붙여도 좋습니다.

- 당신의 드림 카는 무엇인가요? 차의 이미지를 그려보고 묘사해보세요. 당신은 드림 카를 타고 누구와 함께 어디로 떠나고 싶은가요?

자아가 :
등장하면

꿈은
멈춘다

당신이 실현하고자 하는 대상에 에너지를 쏟을수록 점차
꿈이 실현되는 모습을 보게 될 겁니다.

간직하고 있는 꿈을 다른 사람에게 섣불리 말하고 다니
지 않는 것이 좋습니다. 괜스레 생각을 설명하고 변명해야
할 것 같은 상황이 생길 수 있거든요. 자아가 등장하면 꿈
은 멈춥니다.

이 책의 앞부분에 당신이 꿈꾸는 이상적인 삶에 대해
적었던 내용을 다시 살펴보세요. 그리고 이제 당신이 부유
하고, 자신감 넘치고, 자유로운 사람인 것처럼, 즉 글로 적
은 내용을 이룬 것처럼 행동하세요. 당신이 적은 글과 삶
이 얼마나 비슷해지고 있는지 적어보세요.

- 이 책의 앞으로 돌아가서 '이상적인 삶'에 대해 적은 것을 살펴보세요. 당신의 삶이 그 내용과 비슷해지고 있나요? 그렇다면 축하합니다. 달라진 삶에 대해 적어보세요. 물론 그렇지 않아도 괜찮아요. 다시 시작하면 됩니다.

"그저 앉아서 사람들이
당신의 멋진 꿈을 이뤄줄 거라
기대해서는 안 됩니다.
직접 나서서 꿈이 현실이 되도록
만들어야 합니다."
_다이애나 로스Diana Ross, 가수

타인의 ⋮
장점을

찬양하라

모든 사람을 똑같은 의도로 대하세요. 그 사람의 장점을 칭찬하고 존경하겠다는 마음으로요. '실제로 그렇다'는 태도로 타인을 대하면 그들은 당신의 가장 높은 기대치에 맞춰 행동할 겁니다. 장담합니다.

모두 당신에게 달려 있습니다. 무엇이 가능하고 불가능한지는 당신이 믿기 나름입니다. 어디를 가든 당신의 생각이 옳았음을 확인받는 일들로 가득할 겁니다.

자녀, 부모님, 형제자매, 심지어 먼 친척을 대할 때도 사이가 아주 좋은 것처럼, 앞으로도 계속 좋은 관계를 유지할 것처럼 행동하세요. 그들의 한심한 점보다 고유한 장점에 주목한다면 당신은 그들의 훌륭한 면만 보게 될 겁니다. 사랑하는 사람과의 관계에서도 이 방법을 자주 써보세요. 관계에서 무언가 어긋나고 있다면 가만히 이렇게 물어보세요.

'지금 이 관계를 있는 그대로 대하고 있는가,
아니면 내가 바라는 관계로 대하고 있는가?'

어떤 관계를 원하나요? 평화롭고 조화로운 관계를 원하나요? 양쪽 모두 만족하는 관계를 원하나요? 서로를 존중하고 사랑하는 사이를 바라나요? 물론 그럴 겁니다. 그러니 다음번에 상대를 만날 때는 상대방을 존중하는 태도로 임해보세요. 평화를 얻고 성공할 것이라는 믿음으로 기대치를 설정하세요.

그렇게 하면 상대방의 단점이나 잘못이 아닌 사랑스러운 모습을 보게 될 겁니다. 또한 상대도 당신에게 적대감이 아니라 사랑과 조화로움으로 반응하는 모습을 발견할 거예요. 지금껏 자신을 옭아맨 사슬을 끊고, 바라는 결과를 앞서 그릴 수 있을 때 그 결과를 불러올 행동을 할 수 있게 됩니다.

• 당신에게 소중한 사람 세 명을 떠올려보세요.

....

....

....

• 그들과 어떤 관계를 원하나요?

....한 관계

....한 관계

....한 관계

• 이를 위해 내가 할 수 있는 일은 무엇인가요?

....

....

....

Chapter
09

태도
attitude

"태도가 전부입니다.

그러니 좋은 태도를 선택하세요."

-

Attitude is everything, so pick a good one.

당신은 당신 자신에게 일어나는 일에 대해 어떤 생각을 하고 있나요? 그런데 그 생각은 바로 당신 자신이 만든 것입니다. 인간관계가 늘 어렵고 왠지 손해 보는 것 같다면 자신을 바라보면서 '나는 어떤가'라고 물어보세요.
'왜 저 사람은 내게 이런 행동을 할까?', '어떻게 하면 환경이 달라질 수 있을까?'라고 묻지 마세요. 내가 싫어하고 나를 화나게 하는 건 실제로는 내가 가진 증오이고 분노이며 화입니다. 모두 자기 안에 있는 겁니다. 다른 누구에게 있는 게 아니라 오직 나 자신의 것입니다.
내가 어떤 문제, 어떤 상황에 있든 아무 상관이 없습니다. 그 문제에 대한 '태도'가 상관 있는 겁니다.

지금 어떤 '태도'로 그 사람을 바라보나요?
지금 어떤 '태도'로 그 상황을 인식하나요?

저는 지금까지 살아오면서 어느 순간 내면의 성장이란 전적으로 자신의 책임에 달려 있다는 사실을 이해하게 됐습니다. 우리는 우리에게 일어나는 일에 책임을 져야 하며 외부 환경에서 이유를 찾지 말고 내면을 돌봐야 합니다.

생각이   :

태도가
되지 않게

"태도가 전부입니다. 그러니 좋은 태도를 택하세요."

이 문장은 제가 세상을 유심히 관찰한 끝에 얻은 깨달음으로, 제 글쓰기 작업실 문에 걸어둔 글입니다.

저는 이 문장을 읽으며 제 생각을 인식하려 노력합니다. 그리고 부정적이거나 두려운 생각들이 제가 일상에서 경험하는 모든 것, 특히 제 건강에 영향을 미칠 수 있으며 실제로 미칠 거라는 사실을 되새깁니다.

당신도 잘 보이는 곳에 이 글을 걸어두길 바랍니다. 그리고 이 문장을 볼 때마다 자신의 태도를 되돌아보고 바로잡아 보세요.

당신이 누구를 만나든, 어떤 일을 겪든 당신의 삶은 당신이 책임져야 하는 것입니다. 따라서 어떻게 생각하느냐

가 아니라 어떤 태도로 대하느냐가 중요합니다. 다음 글을
가만히 읽어보세요.

좋은 생각은 좋은 태도가 되고
나쁜 생각은 나쁜 태도가 됩니다.
생각이 태도가 되지 않도록.
이것이 가장 중요한 삶의 자세입니다.

• 방 안에 적어두고 매일 보고 싶은 명언이 있나요? 아니면 당신의 시
선을 사로잡는 글이나 무언가를 관찰한 끝에 얻은 깨달음이 있나요?
만약 명언이 생각나지 않는다면 이 책에서 가장 좋았던 한 줄을 찾아
써보고 그 이유를 적어보세요.

기적을 ：
만드는

강력한
도구

생각은 건강과 신성한 관계, 풍요로움, 비즈니스, 심지어 주차 자리까지 만들어내는 아주 대단한 도구입니다! 당신의 생각을 삶에서 바라는 것들에 집중해서 계속 지켜나간다면 곧 당신은 당신의 의도에 따라 행동할 겁니다. 결국 모든 행동의 기원은 생각이니까요.

삶에 주어진 모든 순간에 어떤 생각을 품을지 스스로 결정할 수 있다는 사실을 명심하세요. 누구도 당신의 마음에 생각을 억지로 주입할 수 없습니다. 힘을 앗아가고 나약하게 만드는 생각은 더 높은 마음의 주파수에서 파생되는 생각으로 대체하세요.

할 수 없다는 믿음에, 말은 쉽지만 하기는 어렵다는 생각에 설득되어선 안 됩니다. 당신의 마음은 당신만이 통제할 수 있습니다. 생각을 창조하고 선택하는 것은 바로 당신 자신입니다. 당신 뜻대로 생각을 바꿀 수 있어요. 이는 신이 당신에게 준 유산이자 누구도 앗아갈 수 없는 나만의 자유로운 영역입니다. 그러니 당신을 나약하게 만드는 생각을 멀리한다면 참된 지혜를 깨달을 겁니다. 당신이 선택할 수 있는 일입니다!

- 생각을 창조하고 선택하는 것은 바로 당신 자신입니다. 당신은 어떤 인생을 선택할 건가요? 한 문장으로 정리해보세요.

예시

나는 시간과 마음이 여유로운 삶을 살기로 선택했다.
나는 퇴근 후 강아지와 좋은 시간을 보내기로 선택했다.

1 나는 .... 선택했다.

2 나는 .... 선택했다.

3 나는 .... 선택했다.

....

....

....

온 우주가 ⋮

나를
도와주도록

당신에게 한계란 없습니다. 어떤 상상을 하고, 그 이미지를 마치 강력 접착제로 붙인 것처럼 꽉 움켜쥘 때 비로소 잠재된 무한한 에너지가 발현될 수 있습니다. 당신 안에 있는 신성한 힘, 우주를 창조한 신과 함께 공동 창조자가 되는 방법이죠. 당신의 오랜 스승과 교감하는 방법이자 당신의 소망이 발현되는 과정의 시작입니다.

저는 이 발현의 힘에 대한 글을 굉장히 많이 써왔고, 이런 말을 자주 언급했습니다.

"당신이 원치 않는 대상에 생각을 집중한다면
당신이 원치 않은 일이 계속해서
나타날 것입니다."

이와 비슷하게 다른 사람이 기대하는 바나 지금껏 전해져온 신념, 어렵거나 힘들다는 믿음에 생각을 집중하지 마세요. 당신의 삶에서 이런 일들이 벌어지길 바라는 게 아니라면 말이죠.

- 매일 최소 5분 동안 다음 만트라를 되뇌세요. '나는 내 삶에서 벌어지길 바라는 일들에 둘러싸여 있다.' 뜬금없는 소리처럼 들리겠지만 아주 빠르게, 여러 차례 이 만트라를 반복하세요. 반복할수록 필요한 사람, 환경, 돈 등 바라는 것을 머릿속에 그릴 수 있습니다. 그리고 우주가 나머지 일들을 알아서 하도록, 무심히 내버려두세요. 그런 다음에 삶에 어떤 변화가 찾아왔는지 적어보세요.

"타인의 상상으로 자신을 한계 짓지 마세요."

_마에 제미슨Mae Jemison, 우주비행사

모든 것이　⋮

선택이라는 걸
알게 된다면

선택은 무척 중요한 개념입니다. 우리는 선택에 관해 생각보다 훨씬 많은 능력이 있는데도 이를 자각하지 못하는 경우가 많습니다. 그래서 모든 것이 나의 선택인데도 환경 탓, 남 탓을 하게 되죠. 오늘 내가 먹은 음식, 매일 출근하는 회사, 내가 꾸린 가족 등 어느 것도 나의 선택 밖에 있는 것은 없습니다. 과거의 크고 작은 선택들로 지금이 있는 것입니다.

　당연히 이전의 선택들로 현재 불만이 생길 수 있습니다. 그때는 최선의 선택이었어도 결과가 이렇게 될 줄 당시에는 예상하지 못했겠죠. 하지만 이 역시 나의 선택으로 해결할 수 있는 문제입니다.

　이처럼 우리는 모두 자신의 운명을 선택하고 통제하고

방향을 바꿀 힘이 있습니다. 저는 마음을 다해 그렇게 믿고 있습니다. 같은 상황이더라도 당신은 지금 '갈등'을 선택할 수도, '사랑'을 선택할 수도 있습니다. 오늘 무엇을 선택할 건가요? 어떤 기분을 선택할 건가요? 최고의 하루는 자신에게 달려 있습니다.

• 오늘 어떤 하루, 어떤 기분을 선택할 건가요? 또 내일은 어떤 하루가 되었으면 하나요? 내가 선택할 수 있는 나의 기분에 대해 말해보세요.

Chapter
10

목적
purpose

"삶의 목적은

목적을 따르는 삶을 사는 겁니다."

-

The purpose of life is to live a life of purpose.

당신은 어떤 목적을 가지고 살아가나요? 삶의 목적에 대해 한 번이라도 진지하게 고민해본 사람들은 마음의 태도부터 다릅니다. 이들은 주체적 관점에서 세상을 보며 어디서든 자신만의 행복을 만들며 살아갑니다.

또한 이들은 강한 내적 동기를 갖고 자신이 원하는 것, 중요하다고 믿는 것을 얻기 위해 기꺼이 노력합니다. 그 노력과 선택들이 자신을 목적지로 데려다주리라는 것을 잘 알고 있습니다.

자신의 구체적 목적과 목표를 아는 것은 어려운 일이 아닙니다. 이 책에 나온 자신을 통찰하는 질문들에 성실히 대답했다면 '이름표 없이 존재하는 나'에 대한 아이디어들이 떠올랐을 겁니다.

삶을 살아가다 보면 깊이 생각하는 것보다 직관적으로 떠오르는 단상들이 진실일 때가 많습니다. 그 직관을 믿어보세요. 그리고 그 길로 두려움 없이 나아가세요. 한 번 더 이야기합니다. 그 길로 두려움 없이 나아가세요. 어느새 목적을 따르는 삶을 살고 있는 자신을 발견할 겁니다.

테이커보다는 ⋮

기버가
되라

우리 안의 에고가 속삭이는 말은 언제나 '그게 내게 어떤 이득을 주지? 날 신경 써. 내가 세상에서 가장 중요한 사람이라고!'라는 메시지를 조금씩 달리 표현한 것입니다.

개인의 목표도 중요하지만 에고의 요구를 길들이는 것이 훨씬 중요합니다. 어떤 보상을 받겠다는 기대 없이 타인에게 베푸는 연습을 하세요. 그러면 영적 충족이라는 보상을 받을 겁니다.

최고의 행복과 성공, 건강을 누리는 삶으로 안내하는 신성한 인도를 따르기 위해서는 '나에게 줘, 줘, 줘'라는 관점을 버려야 합니다. 대신 이렇게 접근해야 합니다.

내가 어떻게 베풀 수 있을까?

내게 무엇을 제공할 수 있을까?

내가 어떤 도움을 줄 수 있을까?

이렇게 할 때 우주도 당신에게 같은 질문을 합니다.

내가 어떻게 베풀 수 있을까?

내가 무엇을 제공할 수 있을까?

내가 어떤 도움을 줄 수 있을까?

• 더 가치 있는 삶을 살기 위해 타인과 세상에 어떤 기여를 할 수 있을
  까요?

....

....

....

....

....

• 위의 일들을 해서 내가 얻는 보상은 무엇일까요?

....

....

....

....

....

....

....

"모든 생명이 소중하고 각자의 역할이 있으며
변화를 가져옵니다.
우리는 단 하루도 주변에 영향을 미치지 않고
살아가는 날이 없습니다.
그리고 우리는 어떤 영향을 미칠지
선택할 수 있습니다.
당신은 어떤 영향을 미치고 싶은가요?"

_제인 구달Jane Goodall, 동물학자

삶의 ⋮
목적은

가까운
곳에 있다

타인을 돕고자 한다면 충만한 삶을 살 수 있습니다. 무언가를 짓는다면 그 일이 좋아서이기도 하지만 다른 이를 행복하게 만들기 위해 짓습니다. 무언가를 디자인한다면 당신의 마음이 원해서이기도 하지만 그 디자인이 다른 이들에게 도움이 되기 때문에 합니다. 무언가 글을 쓴다면 생각을 글로 표현하는 것을 좋아하기도 하지만 그 글들이 독자에게 도움과 영감을 주기 때문에 씁니다.

　길을 잃은 것 같거나 확신이 들지 않을 때는 이것을 기억하세요. '내 목적은 베푸는 것이다. 앞으로 몇 시간은 이 땅에 사는 누구든, 어떤 생명체든 도움을 베푸는 방법을 찾는 데 쓸 것이다.' 무언가를 베풀기만 한다면 당신이 무슨 일을 하든 괜찮다는 깨달음을 얻을 겁니다.

- 반드시 금전적인 기부가 아니어도 괜찮습니다. 매일 아침 기분 좋은 인사, 노약자에게 자리 양보하기 등 생활 속에서 타인을 도울 수 있는 방법을 적어보세요.

....

....

....

....

....

- 삶의 목표에 대해 생각해보세요. 위에 적은 이타적 행동들은 당신의 목표와 일치하나요?

....

....

....

....

....

인생에서 ⋮

정말
중요한 것

목적을 따르는 삶을 사는 사람은 사소한 것에 흔들리지 않습니다. 더는 자신이 뛰어난 사람이라는 것을 증명하기 위해 의미 없는 행동을 하지 않아도 됩니다. 남들보다 돈을 많이 벌지 않아도 되고 멋있는 옷을 입지 않아도 되죠. 대신 새로운 즐거움을 찾는 데 시간과 에너지를 쏟습니다. 사랑하는 사람과 산책하거나 매일 아침 10분씩 명상을 하거나 아이와 게임을 하는 등 정말 자신이 충만한 행복을 느끼는 일을 찾아 하루하루를 보냅니다.

모든 일에는 우선순위가 있습니다. 무엇이 내 인생에서 중요하고, 중요하지 않은지를 구분할 수 있는 눈을 갖는 것, 그것이 깨달음을 향한 첫걸음입니다. 당신에게 중요한 일은 무엇이고, 중요하지 않은 일은 무엇입니까?

• 인생에서 진정으로 중요한 것은 무엇입니까?

....

....

....

....

....

• 가족, 돈, 명예, 시간, 자유 등 인생의 우선순위를 다섯 개만 적어보세요.

1
....

2
....

3
....

4
....

5
....

진정한　⋮
깨달음

교감한다는 것은 우리가 하나임을 이해하는 겁니다. 즉 타
인에게 가해지는 해악이 곧 우리 자신에게 가해지는 해악
임을 이해하는 겁니다.

경쟁은 협력으로 대신합니다.

증오는 사랑으로 해소됩니다.

슬픔은 즐거움으로 사라집니다.

당신은 그 어떤 하위 집단에도 속해 있지 않습니다.

한 국가의 국민이 아니라

세계적인 인식을 지닌 세계의 시민입니다.

높은 차원의 의식 속에서

당신은 누구와도, 무엇과도, 심지어 신과도

동떨어져 있지 않습니다.

당신은 당신이 가진 것으로, 성취한 것으로,

남들이 생각하는 당신의 모습으로 정의되지 않습니다.

당신은 사랑받는 존재이고

생각을 변화시킬 수 있습니다.

온갖 문제들은 마음이 빚어낸 환상이며

그 환상들에 이별을 고했습니다.

나를 찾는 마지막 여정까지 잘 왔습니다. 제가 전하는 질문과 생각들에 답하기가 쉽지 않았을 겁니다. 이 책을 끝까지 읽은 것만 해도 대단합니다.

60일째에는 그 어떤 질문에도 답변하지 않아도 됩니다. 대신에 제가 전하는 마지막 메시지를 마음에 담도록 하세요.

'이 세상에서 나의 존재와 역할을 깨닫고

스스로 만든 허상에서 벗어나

진정한 나를 찾으며 꾸준히 살아가세요.'

이것만 이해한다면 당신은 더 이상 제가 필요 없습니다.

고생했습니다. 그리고 축하합니다.

진실의 세계에 온 것을요.

진짜 원하는
삶을 살

준비가
되었나요?

지금까지 제 삶의 여정을 이끈 수많은 선택을 되돌아봤습니다. 그 모두가 실패와 실망의 가능성이 눈에 보임에도 제가 옳다고 여긴 것, 제 열정과 열의를 자극하는 것을 따른 결과였습니다.

이제 당신의 열정을 일깨우는 일에 고개를 돌리기 전에 지금 여기, 바로 이 순간에 자리한 당신의 삶을 눈을 크게 뜨고 바라보세요.

당신은 당신이 연주해야 할 음악을 품고 이 땅에 왔습니다. 당신에게만 들리는 마음속 조화로운 음악에 귀를 기울이고, 그 자리에 멈춰 서서 웅장하게 울려 퍼지는 부름을 향해 첫발을 떼세요. 당신 안의 가장 크고 고귀한 자아의 부름입니다! 당신의 근원이 다시 모습을 드러내는 순간입니다.

다른 사람들은 전혀 이해하지 못할지라도, 어쩌면 당신 자신조차 말이 안 된다고 느껴지더라도 그 발걸음에 실망하는 일은 없을 겁니다. 당신에게 필요한 누구든, 무엇이든 예상할 수 없는 신의 완벽한 계획 아래 결국 모습을 드러낼 겁니다.

제대로 되는 일이 하나도 없고 모든 것이 불행하고 우울할 때도 있을 겁니다. 그 상황 속에서도 스스로에 대한 믿음과 설렘이 있다면 당신을 도와줄 힘이 결국 나타날 겁니다.

처음 이 책을 펼치며 적었던 글을 다시 확인해보세요. 그리고 다음 질문을 읽으며 답해보세요.

상황이 달라졌나요?
이제 내면의 메시지가 정확히 들리나요?
비전을 현실로 만들기 위해 어떻게 할 건가요?
목적을 따르는 삶을 어떻게 살아갈 건가요?

책 뒤에 마련된 메모 페이지에 글이나 그림으로 표현해보세요. 앞에서 나온 다른 글에 대한 감상을 더 표현해도 좋고, 지금껏 이 책을 읽으며 떠오른 생각을 표현해도 좋습니다.

　당신의 삶에서 일어나는 기적을 느끼길 바랍니다! 그리고 당신 자체가 이 세상의 큰 기적입니다.

마음의 태도

초판 발행 · 2022년 11월 16일

지은이 · 웨인 다이어
옮긴이 · 신솔잎
발행인 · 이종원
발행처 · (주)도서출판 길벗
브랜드 · 더퀘스트
출판사 등록일 · 1990년 12월 24일
주소 · 서울시 마포구 월드컵로 10길 56(서교동)
대표전화 · 02)332 – 0931 | **팩스** · 02)322 – 0586
홈페이지 · www.gilbut.co.kr | **이메일** · gilbut@gilbut.co.kr

책임편집 · 정아영(jay@gilbut.co.kr), 유예진, 송은경, 오수영
제작 · 손일순 | **마케팅** · 정경원, 김진영, 김도현, 이승기
영업관리 · 김명자 | **독자지원** · 윤정아, 최희창

디자인 · [★]규 | **교정** · 김순영
CTP 출력 및 인쇄 · 상지사 | **제본** · 상지사

- 더퀘스트는 길벗출판사의 인문교양 · 비즈니스 단행본 브랜드입니다.
- 이 책은 저작권법에 따라 보호받는 저작물이므로 무단전재와 무단복제를 금합니다.
  이 책의 전부 또는 일부를 이용하려면 반드시 사전에 저작권자와 길벗출판사의 서면 동의를 받아야 합니다.
- 잘못 만든 책은 구입한 서점에서 바꿔 드립니다.

ISBN 979 -11- 407-0193-3 (03190)
(길벗 도서번호 090222)

정가 19,800원

독자의 1초까지 아껴주는 길벗출판사

(주)도서출판 길벗 | IT교육서, IT단행본, 경제경영서, 어학&실용서, 인문교양서, 자녀교육서 www.gilbut.co.kr
길벗스쿨 | 국어학습, 수학학습, 어린이교양, 주니어 어학학습, 학습단행본 www.gilbutschool.co.kr